♉ HOROSKOP DER LIEBE ♉

STIER

21. April - 21. Mai

Julia & Derek Parker

arsEdition

Gewidmet Martin Lethbridge

EIN DORLING-KINDERSLEY-BUCH

Project Editor · Annabel Morgan
Art Editor · Anna Benjamin
Managing Editor · Francis Ritter
Managing Art Editor · Derek Coombes
DTP Designer · Cressida Joyce
Production Controller · Martin Croshaw

Danksagungen

Fotos: Steve Gorton: S. 10, 13-15, 17-19, 46-49; Ian O'Leary: S. 16. Weitere Fotografen: Colin Keates, Dave King, Monique Le Luhandre, David Murray, Tim Ridley, Clive Streeter, Harry Taylor, Matthew Ward. Illustrationen: Nici Demin: S. 34-45; Peter Lawman: Umschlag, S. 4, 12; Paul Redgrave: S. 24-33; Satwinder Sehmi: Symbole; Jane Thomson: Schmuckrahmen; Rosemary Woods: S. 11. Peter Lawmans Bilder sind in der Portal Gallery Ltd., London ausgestellt.

Bildquellen: Bridgeman Art Library/Eremitage St. Petersburg: S. 51; Robert Harding Picture Library: S. 20 links, Mitte, rechts; Images Colour Library: S. 9; The National Gallery London: S. 11; The Natural History Museum London: S. 49 unten rechts; The Royal Geographical Society: S. 48 unten rechts; Tony Stone Images: S. 21 oben, unten; The Victoria and Albert Museum London: S. 5; Zefa: S. 21 Mitte.

Ebenfalls danken wir: Sarah Ashun, Emma Brogi, Charlie Chan, John Filbey, Jane Lawrie, Sharon Lucas, Daniel McCarthy, Marion McLornan, Christine Rista, Ola Rudowska, Tim Scott, Isobel Sinden, Martha Swift, Mark Thurgood, Cangy Venables und Liz Wagstaff.

Originaltitel: **The Love Signs Library. Taurus**

Aus dem Englischen von Elke Hesse
Redaktion: Martina Stoll-Kreußel

Printed in Hong Kong
ISBN 3-7607-1713-6

INHALT

ASTROLOGIE & SIE

ASTROLOGIE BESTEHT KEINESWEGS NUR AUS DER ERMITTLUNG IHRES SONNENZEICHENS. DER STAND DER ANDEREN PLANETEN ZUM ZEITPUNKT IHRER GEBURT KANN EBENFALLS FASZINIERENDE EINBLICKE IN IHRE PERSÖNLICHKEIT GEBEN.

Ihr Stern- oder auch Sonnenzeichen ist das Tierkreiszeichen, das die Sonne zum Zeitpunkt Ihrer Geburt durchwanderte. Die meisten Astrologiebücher beschränken sich darauf, die Bedeutung des Sonnenzeichens zu erklären. Dies ist eine einfache Form der Astrologie, die Ihnen zwar interessante, aber sehr allgemeine Informationen über Ihre Persönlichkeit gibt. Dieses Buch geht einen Schritt weiter. Es verrät Ihnen, in welcher Verbindung die Planeten Venus und Mars zu Ihrem Sternzeichen stehen und welchen Einfluss Sie auf Ihre Einstellung zu Liebe und Sexualität haben.

Um einen genauen Einblick in Ihre Persönlichkeit zu gewinnen, bedarf es eines Geburtshoroskops, aus dem nicht nur die Stellung der Sonne, sondern die aller Planeten des Sonnensystems zum Zeitpunkt der Geburt hervorgeht. So wie die Sonne in einem der zwölf Tierkreiszeichen stand und Sie beispielsweise zu einem Zwilling oder Schützen machte, standen auch die anderen Planeten in einem Zeichen. Jeder Planet ist für einen bestimmten Teil Ihrer Persönlichkeit verantwortlich, und die Planeten Venus und Mars sind für Ihre Einstellung zu Liebe und Sexualität zuständig.

Als Schütze beispielsweise müssten Sie nach den Merkmalen des Sonnenzeichens ein dynamischer, freiheitsliebender Typ sein. Stand aber, als Sie geboren wurden, die Venus im Zeichen der Waage, so sind Sie ein eher passiver und anhänglicher Partner – Eigenschaften, von denen man sagt, sie seien dem Schützen völlig fremd.

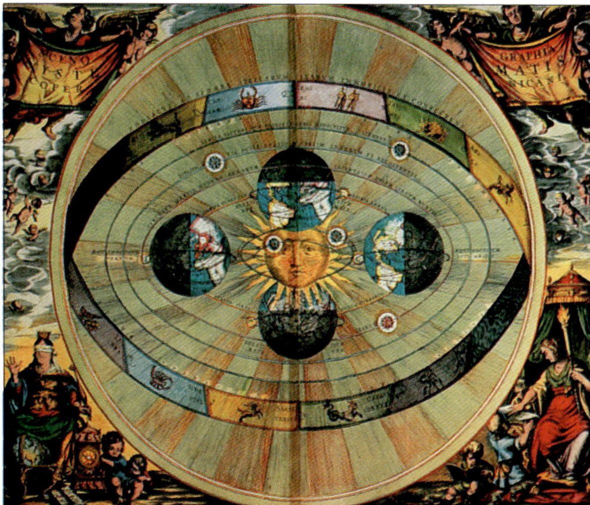

Planetenkonstellation

Kopernikus vertrat im 16. Jahrhundert die für seine Zeit revolutionäre These, dass die Planeten um die Sonne statt um die Erde kreisen. Diese Karte aus dem 17. Jahrhundert zeigt die Sonne im Zentrum des Planetensystems.

Mit Hilfe der Tabellen auf Seite 52-61 können Sie die Position von Mars und Venus zum Zeitpunkt Ihrer Geburt ermitteln. Wenn Sie diese Position herausgefunden haben, schlagen Sie bitte die Seiten 22-45 auf. Dort können Sie nachlesen, wie sich der Einfluss von Mars und Venus auf die Eigenschaften Ihres Sonnenzeichens auswirkt. Sie gewinnen vielleicht überraschende, in jedem Fall aber faszinierende Einsichten in Ihre Persönlichkeit und erfahren, wie die Planeten Ihre Einstellung zu Liebe und Sex geprägt haben.

PARTNERSUCHE

DIE ASTROLOGIE KANN IHNEN WERTVOLLE TIPS GEBEN, WIE SIE KONTAKTE KNÜPFEN UND AUSBAUEN KÖNNEN. SIE KANN IHNEN AUCH SAGEN, WIE SIE ZU IHREM PARTNER PASSEN UND WIE AUSSICHTSREICH IHRE BEZIEHUNG SEIN DÜRFTE.

Häufig benutzen Menschen die Astrologie als Einstieg um jemand kennen zu lernen; die Frage nach dem Sternzeichen ist ein beliebter Gesprächsanfang. Für die einen ist es eher ein Spiel; andere dagegen können großen Wert auf die Frage und ihre Beantwortung legen.

Astrologie kann Ihr Denken und Ihr Verhalten in der Liebe beeinflussen. Sie kann Ihnen faszinierende Informationen und nützliche Tips über sich und Ihren Partner liefern. Was sie nicht kann, ist: Ihnen sagen, in wen Sie sich verlieben sollen und in wen nicht.

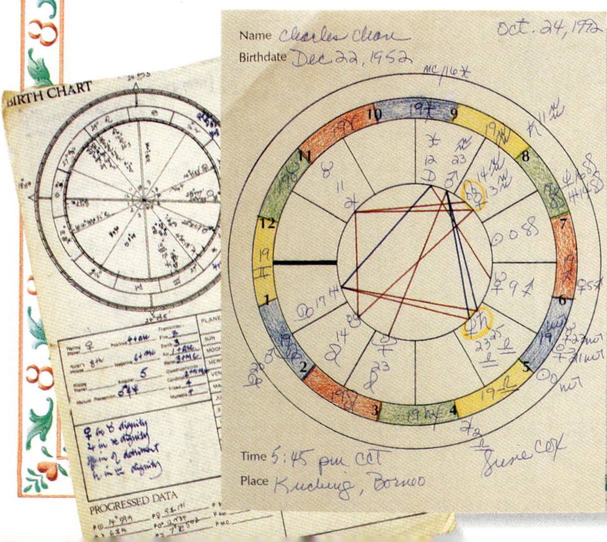

Geburtshoroskope
Die Synastrie vergleicht die Geburtshoroskope zweier Menschen um zu zeigen, wie sie in verschiedenen Bereichen ihrer Beziehung miteinander harmonieren. Gemeinsamkeiten und Konflikte werden so deutlich.

Die vier Elemente

Menschen, deren Sternzeichen zur selben Elementengruppe gehört, harmonieren meist gut miteinander. Die Gruppen lauten:

FEUER: *Widder, Löwe, Schütze*

ERDE: *Stier, Jungfrau, Steinbock*

LUFT: *Zwillinge, Waage, Wassermann*

WASSER: *Krebs, Skorpion, Fische*

Wenn Sie jemandem begegnen, der Ihnen gefällt, kann die Astrologie Ihnen wertvolle Einsichten in seine Persönlichkeit liefern. Sie kann sogar Charakterzüge aufdecken, die Ihr Partner lieber vor Ihnen verborgen halten würde.

Astrologen werden oft um Rat gebeten, wenn jemand mehr über seine Beziehung wissen will oder Probleme mit dem Partner hat. Dieser Teil der Astrologie heißt Synastrie. Dabei werden die Geburtshoroskope beider Partner miteinander verglichen. Jedes Geburtshoroskop gibt exakt den Stand der Planeten zum Zeitpunkt und Ort der Geburt eines Menschen wieder. Durch Auslegung der Einzelhoroskope und anschließenden Vergleich kann der Astrologe herausfinden, ob zwei Menschen zusammenpassen, und aufzeigen, wo es in der Beziehung zu Konflikten kommen könnte und wo sich eine starke Bindung entwickelt.

Eine der größten astrologischen Legenden ist, dass bestimmte Sternzeichen auf keinen Fall zusammenpassen. Das ist Unsinn. Jedes Sternzeichen kann unter bestimmten Voraussetzungen mit jedem anderen Sternzeichen eine glückliche Beziehung eingehen.

SIE & IHR PARTNER

SICH UND DEN PARTNER ZU KENNEN IST DER SCHLÜSSEL ZU EINER GLÜCKLICHEN BEZIEHUNG. HIER ENTHÜLLEN WIR DIE TRADITIONELLEN STTIER-ATTRIBUTE, IHR VERHÄLTNIS ZU DEN ANDEREN STERNZEICHEN UND DIE DAZUGEHÖRIGEN PFLANZEN.

Stier und Widder

Sie geben dem Widder Stabilität und Sicherheit, während dieser Sie mit seinem sprühenden Temperament in Schwung bringt. Obwohl Sie sehr verschieden sind, geben Sie eine gute Kombination ab.

Lavendel wird dem Zwilling zugeordnet.

Disteln werden vom Widder regiert.

Stier und Zwillinge

Ihre Hartnäckigkeit und Ihr Gleichmut irritieren den flatterhaften Zwilling. Sie wiederum packt bei seinen Dauerflirts die Eifersucht. Wenn Sie diese Probleme meistern, werden Sie ein glückliches Paar.

Stier und Stier

Zwei behäbige und bodenständige Stiere verfallen leicht in langweilige Routine. Versuchen Sie Ihre Beziehung abwechslungsreicher zu gestalten, dann könnte Ihre Verbindung glücken.

Lilien und andere weiße Blumen gehören zum Krebs.

Die Rose ist mit dem Stier verknüpft.

Stier und Krebs

Ihre Zuverlässigkeit wird dem ängstlichen Krebs gefallen, der wie der Stier nach einer stabilen, festen Partnerschaft strebt. Ihre Verbindung verspricht glücklich und harmonisch zu werden.

Stier und Löwe

Stiere und Löwen sind beide darauf aus, ihren Kopf durchzusetzen. Wenn Sie es nicht schaffen Kompromisse zu schließen, wird Ihre Beziehung in einen gegenseitigen Machtkampf ausarten.

Sonnenblumen sind Löwe-Blumen.

Stier und Jungfrau

Der ideale Bund zweier warmherziger Erdzeichen. Der bodenständige Stier passt gut zu der praktischen, zuverlässigen Jungfrau. Auch in sexueller Hinsicht verstehen Sie sich gut.

Der Jungfrau sind kleine, leuchtende Blumen zugeordnet.

Hortensien sind die Blumen der Waage.

Stier und Waage

Sie lieben beide die schönen Dinge des Lebens und tun viel für eine glückliche, harmonische Beziehung und ein gemütliches Zuhause. Lassen Sie sich vom Wankelmut der Waage aber nicht irritieren.

Das Geißblatt gehört zum Skorpion.

Stier und Skorpion

Beide, Stier und Skorpion, sind dickköpfige, leidenschaftliche Naturen – extrem eifersüchtig und besitzergreifend. Sie passen zueinander und werden eine intensive, lebhafte Beziehung führen.

Stier und Schütze

Ihre Hartnäckigkeit und Ihr Gleichmut bringen den sorglosen, umbekümmerten Schützen manchmal um den Verstand. Ihre Beziehung kann nur glücken, wenn Sie dem Schützen seine Freiheit lassen.

Nelken werden vom Schützen regiert.

Stier und Steinbock

Zwei Erdzeichen, die sich gut ergänzen. Der vernünftige Steinbock bringt den eigensinnigen Stier zur Räson und Ihre Warmherzigkeit bringt seine Kälte zum Schmelzen.

Stiefmütterchen sind die Blumen des Steinbocks.

Orchideen gehören zum Wassermann.

Stier und Wassermann

Der unabhängige Wassermann wird jedem Versuch des Stiers ihn anzuketten heftig widerstehen. Sie beide sind so verschieden, dass es schwer sein dürfte eine gemeinsame Basis zu finden.

Der Schneeball wird von den Fischen regiert.

Stier und Fische

Sie geben dem verträumten Fisch den nötigen gesunden Menschenverstand und Ihrem warmherzigen Wesen wird es nicht schwer fallen, das Herz des romantischen Fisches für sich zu gewinnen.

MENÜS FÜR VERLIEBTE

Mit einem exquisiten Essen nahm schon so manche Liebesbeziehung ihren Anfang. Lesen Sie, mit welchem Menü Sie garantiert bei jedem Sternzeichen Aufmerksamkeit und Verlangen wecken können.

Der Stier ist das Leckermaul unter den Sternzeichen. Er liebt üppige, süße Speisen wie etwa Mousse au Chocolat mit Brandy.

Menüs für Verliebte

Für Widder

Scharfe Currysuppe

·

Pfeffersteak

·

Flambiertes Eis

Für Stiere

Blumenkohlcremesuppe

·

Tournedos Rossini

·

Mousse au Chocolat mit Brandy

Für Zwillinge

Meeresfrüchtesalat mit Avocados

·

Pikantes Schweinegeschnetzeltes mit Ingwer

·

Zabaione

Für Krebse

Artischocke mit Sauce Vinaigrette

·

Seezunge Hausfrauenart

·

Mandelsoufflé

Menüs für Verliebte

Für Löwen

Geröstete Tomaten-Knoblauch-Suppe

·

Bœuf Stroganoff

·

Birnen in Rotweinsauce

Für Jungfrauen

Auberginensalat

·

Paella

·

Französische Apfel-Tarte

Für Waagen

Spargel mit Sauce Hollandaise

·

Schweinesteak mit Bratäpfeln

·

Erdbeeren mit Grand Marnier

Für Skorpione

Vichyssoise

·

Hummer Newburg

·

Schwarze Johannisbeercreme

Menüs für Verliebte

Für Schützen

Geeiste Gurkensuppe

·

Zwiebelkuchen

·

Rhabarberauflauf mit frischer Sahne

Für Steinböcke

Eier Florentiner Art

·

Schweinefilet gefüllt mit Salbei

·

Ananas mit Grand Marnier

Für Wassermänner

Brunnenkressesuppe

·

Hühnchen mit Chili und Limone

·

Zitronensoufflé

Für Fische

Französische Zwiebelsuppe

·

Forelle in Roséwein

·

Melonensorbet

REISEZIELE FÜR VERLIEBTE

HABEN SIE IHREN TRAUMPARTNER EROBERT, GIBT ES NICHTS SCHÖNERES ALS EINEN ROMANTISCHEN URLAUB ZU ZWEIT. LERNEN SIE UNTER BERÜHMTEN STÄDTEN UND IDYLLISCHEN STRÄNDEN DAS TRAUMZIEL EINES JEDEN STERNZEICHENS KENNEN.

EIFFELTURM, PARIS

Widder

Die perfekt restaurierten Renaissance-Paläste und -Kirchen von Florenz sind das richtige Ambiente für verliebte Widder.

Stier

Der ruhige, friedfertige Stier bevorzugt die natürliche Ruhe und unverdorbene Atmosphäre des Landlebens in Irland.

Zwillinge

Der lebhafte, ruhelose Zwilling fühlt sich in der schnelllebigen Atmosphäre der Weltmetropole New York ganz zu Hause.

Krebs

Venedigs einzigartig romantisches Flair mit seinen Kanälen weckt die Leidenschaft und Phantasie des Wasserzeichens Krebs.

BASILIUS-KATHEDRALE, MOSKAU

AYERS ROCK/ULURU, AUSTRALIEN

Löwe
Der pittoreske Charme und die mittelalterliche Stimmung Prags entfachen im Löwen immer wieder neue Leidenschaft.

Jungfrau
Die eleganteste und romantischste aller Städte, Paris, ist der ideale Liebesort für die kultivierte, wählerische Jungfrau.

Waage
Die fremdartig-exotische Atmosphäre von Oberägypten ist die perfekte Kulisse, um die feinsinnige Waage zu erobern.

Skorpion
Den heißblütigen Skorpion zieht die prickelnd-lebendige Ausstrahlung von New Orleans in seinen Bann.

Schütze
Die endlose Weite des australischen Hinterlands ist genau das Richtige für den freiheitsliebenden und naturverbundenen Schützen.

Steinbock
Die historischen Monumente der russischen Hauptstadt Moskau werden den Steinbock faszinieren und inspirieren.

Wassermann
Der draufgängerische Wassermann wird von der ungewöhnlichen, einzigartigen Landschaft Indiens begeistert sein.

Fische
Den wasserbegeisterten Fisch zieht es immer wieder ans Meer, zum Beispiel auf eine kleine Mittelmeerinsel.

Die Pyramiden, Ägypten

Gondeln in Venedig

Tadsch Mahal, Indien

VENUS & MARS

Die hell leuchtende Venus und der feurig rote Mars wurden immer schon mit Liebe und Leidenschaft verbunden. Beide Planeten üben einen grossen Einfluss auf unser Liebesleben und unsere Beziehungen aus.

Die Astrologie hat ihre Wurzeln in einer Zeit, lange bevor die Menschheit anfing ihre Geschichte aufzuzeichnen. Die frühesten Funde – Knochen, auf denen die Mondphasen eingeritzt wurden – sind älter als jedes Alphabet oder anderes Schriftzeichensystem.

Den Planeten Venus und Mars maß man in der Astrologie von jeher große Bedeutung bei. Dies machen erste Versuche in den Anfängen der Astrologie, die Einflüsse der beiden Planeten auf die Menschen aufzuzeichnen, deutlich. Jahrhunderte später wurden die Planetenpositionen sorgfältig in persönlichen Horoskopen notiert. Die früheste bekannte Aufzeichnung stammt aus dem Jahre 410 v. Chr.:

»Venus stand im Stier und Mars in den Zwillingen«.

Der hell leuchtende Planet Venus repräsentiert den Einfluss der Seele auf unseren Körper. Er ist verantwortlich für das reine, sublimierte, »romantische« Gefühl ohne sexuelles Verlangen. Er regiert so unsere Spiritualität und die platonischen Seiten unserer Liebesbeziehungen.

Der Planet Mars beeinflusst dagegen die körperlichen Aspekte unseres Lebens – unsere Stärke, physisch wie psychisch, unsere Ausdauer und unsere Fähigkeiten im Kampf ums Überleben. Er wirkt stark auf den Geschlechtstrieb von Männern und Frauen ein, er regelt unsere körperliche Energie, Sexualität und unser Begehren.

Als Planet, dessen Umlaufbahn zwischen Erde und Sonne liegt, zählt Venus zu den »unteren« Planeten. Sie kreist eng um die Sonne und inner-

Die Liebe erobert alles.

In Botticellis »Venus und Mars« wurde die kriegerische, feurige Macht des Kriegsgottes Mars vom sanften Charme der Venus, Göttin der Liebe, besiegt.

halb des Tierkreises steht sie immer in einem Zeichen nahe der Sonne. Zum Zeitpunkt Ihrer Geburt kann sie daher auch nur in einem von fünf möglichen Zeichen gestanden haben: in Ihrem Sonnenzeichen oder in den beiden Zeichen davor oder danach. Wenn also bei Ihrer Geburt die Sonne im Stier stand, kann Venus nur im Fisch, Widder, Stier, Zwilling oder Krebs gestanden haben.

Demgegenüber gilt Mars als »oberer« Planet. Er kreist auf der der Sonne abgewandten Seite der Erde und kann deshalb zum Zeitpunkt Ihrer Geburt in jedem der zwölf Zeichen gestanden haben.

Auf den folgenden Seiten 24-45 wird beschrieben, wie Mars und Venus auf unser Gefühls- und Sexualleben Einfluss nehmen. Um herauszufinden, in welchem Tierkreiszeichen die Planeten zum Zeitpunkt Ihrer Geburt standen, schlagen Sie bitte in den Tabellen auf Seite 52-61 nach. Dann blättern Sie zurück zu Seite 24 und lesen weiter.

IHR GEFÜHLSLEBEN

DER PLANET VENUS STEHT FÜR LIEBE, HARMONIE UND ÜBEREINSTIMMUNG. (AUF SEITE 52-57 LESEN SIE, IN WELCHEM TIERKREISZEICHEN DIE VENUS BEI IHRER GEBURT STAND.)

VENUS IN DEN FISCHEN

Venus in den Fischen verleiht Ihnen die Gabe Ihre innersten Gefühle einfach und herzlich zum Ausdruck bringen zu können.
Es dürfte kaum jemanden geben, der nach einem Blick in Ihre seelenvollen Augen nicht kapitulieren müsste; schließlich besitzen Sie wie die meisten Stiere ein anziehendes Äußeres und viel Charme.

Wie für Stiere ebenfalls typisch genießen Sie Ihr Liebesleben und tun alles, damit Ihr Partner es ebenfalls genießt. Sie sollten aber unbedingt vermeiden sich Ihrem Partner gegenüber unterwürfig zu verhalten;
es würde ihn bestimmt irritieren, und unterdrücken Sie jeden Impuls, Wohlwollen und Zuwendung um jeden Preis zu erbetteln, denn dies bewirkt meist das Gegenteil.

Emotionale Sicherheit bedeutet Ihnen sehr viel. Sie sind leicht zu verunsichern und streben daher nach Stabilität in Ihren Beziehungen. Wenn Ihr Partner Ihnen versichert, dass er Sie liebt, sollten Sie daran glauben und nicht ständig Zweifel hegen. Sie sind ein solch rücksichtsvoller, liebenswerter Mensch, dass es keinen Grund geben könnte, warum Ihr Partner nicht mit Ihnen zufrieden sein sollte.

Trotz Ihrer gelegentlichen Selbstzweifel neigen Sie kaum zu Eifersucht und Besitzdenken, sonst für Stiere so typisch, was Sie dem besänftigenden Einfluss der Fische zu verdanken haben. Es ist sogar eher unwahrscheinlich, dass Sie sich am anderen festklammern oder sich von ihm abhängig machen.

Der typische Stier liebt alles, was komfortabel ist und luxuriös. Vermutlich sind Sie gern etwas extravagant und Ihr Partner mag das zunächst amüsant und schmeichelhaft finden, aber auf Dauer kann ihn das auch beunruhigen. Wenn er Ihnen daher irgendwann sagt, Sie sollten lieber etwas kürzer treten, sollten Sie seinen Rat annehmen, denn vermutlich hat er einen realistischeren Blick für finanzielle Dinge als Sie.

Immer dann, wenn es zu heiklen Situationen kommt, möchten Sie sich am liebsten in Luft auflösen. Sie achten sehr darauf, nicht die Gefühle anderer zu verletzen, und ziehen sich oft schnell zurück, bevor es unangenehm werden könnte, notfalls auch mit einer Lüge. Lassen Sie das nicht zur Gewohnheit werden, sondern versuchen Sie Ihrem Partner gegenüber offen und ehrlich zu sein, auch wenn Ihnen das schwer fällt.

VENUS IM WIDDER

Mit Venus im Widder haben Sie eine Menge vom Temperament dieses Sternzeichens geerbt. Es könnte sein, dass Sie ziemlich schnell in Wut geraten. Stiere sind von Natur aus recht hitzköpfig; durch den Widder-Einfluss wird diese Eigenschaft noch verstärkt. Versuchen Sie Ihr Temperament zu zügeln und nicht immer gleich aufzubrausen, wenn Ihnen irgendetwas nicht passt. Wenn Sie merken, dass Ihr Blut mal wieder in Wallung gerät, denken Sie einfach daran, dass die Venus es ist, die dies verursacht. Ihre plötzlichen Gefühlsausbrüche könnten nicht nur den Partner, sondern auch andere Menschen irritieren.

Es ist gut möglich, dass Sie durch den Einfluss der Venus im Widder in vielen Situationen überreagieren, weil Sie alles sehr persönlich nehmen. Der Stier ist sehr besitzergreifend und obwohl Sie wissen, dass Sie den Partner damit einengen und einschränken, konfrontieren Sie ihn stets aufs Neue mit diesem Problem. Sie sollten sich bewusst machen, dass Sie damit Ihre Beziehung aufs Spiel setzen.

Obwohl Sie im Grunde genommen ein großzügiger Mensch sind, der sich und anderen das Leben so schön als möglich machen möchte, neigen Sie durch den Einfluss des Widders zur Selbstsucht. Der Impulsivität des Widders haben Sie es auch zu verdanken, dass Sie sich recht schnell in jemanden verlieben. Oft genügt eine rein äußerliche Anziehung. Sie übernehmen gern die Initiative, möchten aber, dass Ihre Gefühle vom Objekt Ihrer Begierde genauso intensiv erwidert werden. Wenn auf Ihre Bemühungen keine adäquate Antwort erfolgt, lassen Sie den potentiellen Partner genauso schnell wieder fallen, wie Sie ihn sich ausgesucht haben.

Sie sind recht schnell bereit eine körperliche Beziehung einzugehen. Denken Sie daran, dass der andere vielleicht mehr Zeit braucht. Geben Sie der Besonnenheit des Stiers den Vorzug vor der Ungeduld des Widders.

Sie sind begeisterungsfähig, lebhaft, romantisch, schlagfertig, unternehmungslustig und in der Liebe ein wunderbarer, aufmerksamer Partner. Ihr Partner sollte allerdings eine ähnlich starke Libido wie Sie haben, sonst könnte Ihre Beziehung auf Dauer unausgewogen sein.

Halten Sie Ihren unwiderstehlichen Widder-Charme in Zaum und ermuntern Sie potentielle Partner nicht, sich mit Ihnen einzulassen, um dann zu beschließen, dass der oder die andere wohl doch nicht das Richtige ist. Wenn Ihnen das passierte, wären Sie ebenfalls mit Recht sauer.

VENUS IM STIER

Wenn Venus sich bei Ihrer Geburt in Ihrem Sonnenzeichen Stier befunden hat, bedeutet das, dass sich alle guten, aber auch alle schlechten Eigenschaften des Stiers bei Ihnen verdoppeln. Für die richtige Person ist das kein Problem; für sie sind Sie der ideale Partner, denn diese Planetenkonstellation sorgt dafür, dass Sie überaus zärtlich, liebevoll, sinnlich und romantisch sind.

Im Großen und Ganzen können Sie mit Ihren Qualitäten als Liebespartner zufrieden sein, aber es gibt auch ein paar Gefahrenzonen. So unwahrscheinlich es klingt, ein Problem könnte sich aus Ihrem attraktiven Äußeren ergeben. Stiere sind häufig besonders gut aussehend und charmant und wirken auf viele Leute sehr anziehend. Wahrscheinlich haben Sie stets einen Schwarm von Verehrern/innen um sich. Das könnte Sie aber auch lässig und ein wenig faul machen, wenn es darum geht, den ersten Schritt zu tun. Sie reagieren lieber anstatt selbst die Initiative zu ergreifen. Da Sie für Zärtlichkeiten sehr empfänglich sind, merkt es der andere dann schnell, wenn Sie ihn attraktiv und sexy finden.

Sie sind eher vorsichtig, wenn es darangeht sich dauerhaft zu binden. Wenn Sie sich allerdings einmal für jemand entschieden haben, sind Sie ein sehr treuer Partner. Die gleiche Loyalität und Treue erwarten Sie im Gegenzug aber auch vom anderen.

Sie verlangen, dass Ihr Partner Ihnen viel Zeit und Aufmerksamkeit widmet, und reagieren schnell eifersüchtig und argwöhnisch, wenn dies nicht der Fall ist. Selbst die unschuldigsten Situationen fordern dann Ihr Misstrauen heraus. Sie sollten sich besser nicht so an den anderen klammern, denn damit schaffen Sie eine ungute Atmosphäre, in der sich keiner von Ihnen wohl fühlt.

Ihr Gefühlsleben

Menschen, die mit Venus im Stier geboren sind, neigen zu einem trägen Stoffwechsel und müssen sehr darauf achten, dass ihre Trägheit und Lethargie nicht überhand nehmen. Sie essen gerne gut und reichlich und sollten Ihr Gewicht stets kontrollieren. Der doppelte Stier-Einfluss intensiviert auch Ihr Bedürfnis nach finanzieller und emotionaler Sicherheit. Sie können nicht entspannt und sorglos leben, solange diese Dinge nicht in geordneten Bahnen laufen. Ihr Partner muss Verständnis dafür haben, dass Sie immer wieder neue Sicherheit brauchen.

Sie sind ein attraktiver, liebens- und begehrenswerter Mensch, dem es nicht schwer fällt Freunde und den passenden Partner zu finden. Wenn Sie lernen Ihre Schwächen unter Kontrolle zu bekommen, können Sie eine sehr glückliche und harmonische Beziehung führen.

VENUS IN DEN ZWILLINGEN

Der Einfluss des lebhaften Zwillings schärft Ihre leidenschaftlichen Empfindungen und steigert Ihren Charme. Gleichzeitig mildert er einige weniger positive Stier-Eigenschaften: Ihr besitzergreifendes Wesen und Ihren Hang zur Lethargie.

Zu Ihrem attraktiven Äußeren und Ihrem Charme als Stier verleiht Venus in den Zwillingen Ihnen Beredsamkeit und schnelles Denken. Es fällt Ihnen leicht auf Menschen zuzugehen. Sie sind kontaktfreudig und redegewandt und können offen über sich und Ihre Gefühle sprechen. Der kommunikationsfördernde Einfluss der Zwillinge geht sogar so weit, dass Sie große Überredungsgabe besitzen und dadurch in der Lage sind sich auch aus heiklen Situationen wieder herauszureden.

Es könnte sein, dass Sie durch den Zwillinge-Einfluss rasch gelangweilt und ziemlich ruhelos sind, und dass die Verlockung heimliche Liebesaffären anzufangen groß für Sie ist, weil Sie ständig auf der Suche nach Zerstreuung sind. Denken Sie daran, dass ein Seitensprung Ihre Beziehung gefährden kann. Wenn Ihr Partner von Ihrer Untreue erfährt, kann ein unersetzlicher Bestandteil jeder Beziehung, das Vertrauen, für immer zerstört werden.

Freundschaft und Kameradschaft bedeuten Ihnen auch in der Liebe viel. Wenn Ihr Partner zugleich Ihr bester Freund ist, besteht weniger die Gefahr, dass Sie ihm untreu werden oder dass Sie sich eines Tages aus dem Staub machen.

Von den Zwillingen könnte eine gewisse kühle Zurückhaltung in Ihrer Persönlichkeit herrühren, die aber eher selten zum Vorschein kommt, weil sie durch die Wärme des Stiers meist überlagert wird. Die Lebhaftigkeit der Zwillinge facht die Trägheit des Stiers ein wenig an. In der Liebe

sind Sie so ein talentierter, sinnlicher Partner, der sich gleichwohl beim Liebesspiel genüsslich Zeit lässt.

Zwei unschöne Charakterzüge des Stiers, nämlich sein Besitzdenken und seine Eifersucht, werden von Venus in den Zwillingen stark gemildert. Sie sind nicht eifersüchtig, weil Sie es auch nicht mögen, wenn Ihr Partner eifersüchtig reagiert. Dadurch können Sie ganz gut damit umgehen.

Durch den Einfluss der Zwillinge streben Sie weit mehr als andere Stiere nach Abwechslung und neuen Erfahrungen und sind dadurch aufgeschlossener und unternehmungslustiger. Sie diskutieren und debattieren gern und fühlen sich am wohlsten unter Gleichgesinnten. Sie haben keine Scheu mit Ihrem Partner über Ihre Gefühle zu reden und erwarten, dass er Ihnen gegenüber ebenso offen ist wie Sie.

VENUS IM KREBS

Venus im Krebs verstärkt Ihre natürliche Befähigung zu sinnlicher Leidenschaft und zärtlicher Zuneigung noch. Sie sind nicht nur ein treusorgender Freund, sondern auch ein fürsorglicher Partner, der all seine Liebe und Zärtlichkeit freigebig auf seinen beneidenswerten Partner ausgießt.

Aufgrund des Krebs-Einflusses sind Sie sehr häuslich veranlagt. Sie verwenden viel Zeit und Energie auf ein gemütliches Zuhause und ein intaktes Familienleben. Den Bedürfnissen und Wünschen Ihres Partners widmen Sie Ihre ganze Aufmerksamkeit. Das geht sogar so weit, dass Sie Ihren Partner wie Ihr eigenes Kind betrachten und entsprechend umsorgen. Eine stabile, sichere Partnerschaft bedeutet Ihnen alles und wenn diese Beziehung auseinander geht, bricht für Sie die Welt zusammen.

Venus im Krebs heizt Ihre Emotionen gewaltig an. Normalerweise gelten Stiere als friedfertig; durch den Einfluss des Krebses können Sie aber manchmal Ihre Launen haben. So werden Sie schnell wütend und haben dabei eine recht scharfe Zunge. Keine Beziehung ist dagegen gefeit, dass es zuweilen ein Gewitter gibt; doch wenn bei Ihnen eine Sache einmal nicht nach Ihrem Kopf geht, dürfte es orkanartige Ausmaße annehmen. Nehmen Sie Ihren Stier-Gleichmut und Ihre Krebs-Freundlichkeit zu Hilfe um Ihr hitziges Temperament besser in den Griff zu bekommen.

Ihr hitziges Blut könnte auch zu heftigen Eifersuchtsszenen führen. Wenn Sie spüren, wie die Eifersucht in Ihnen hochsteigt, wenn Ihr Partner sich angeregt mit jemand unterhält, sollten Sie sich einen strengen Verweis erteilen. Denken Sie daran: Selbst die besten Beziehungen können an diesem unerfreulichen, unwürdigen Gefühl zugrunde gehen.

Merken Sie, dass Ihre Beziehung irgendwie zu scheitern droht, schalten Ihre Schutzinstinkte sofort auf Alarm und veranlassen Sie, alles zu unternehmen um die Beziehung um jeden Preis zu erhalten. Selbst wenn Sie sich mit Ihrem Partner überhaupt nicht mehr verstehen und nur noch streiten und das Gefühl haben mit ihm keinen Augenblick länger zusammenleben zu können, sind Sie fest entschlossen ihn zu halten.

Durch Venus im Krebs zählen Sie zu den Menschen, die es sich nicht vorstellen können allein zu leben. Sie neigen zu Nostalgie und betrachten die Vergangenheit gern durch die rosarote Brille; jede Veränderung ist Ihnen verhasst. Damit haben Sie es schwer auf neue Entwicklungen im Leben positiv zu reagieren. Wenn Ihr innerstes Gefühl Ihnen sagt, dass etwas zu Ende ist, müssen Sie lernen einen Strich zu ziehen.

IHR SEXUALLEBEN

DER PLANET MARS BEEINFLUSST DIE KÖRPERLICHE, SEXUELLE ENERGIE. (AUF SEITE 58-61 LESEN SIE, IN WELCHEM TIERKREISZEICHEN DER MARS BEI IHRER GEBURT STAND.)

MARS IM WIDDER

Mars liefert zu Ihrer Sinnlichkeit ordentlich Leidenschaft hinzu. Er steigert Ihre Libido und sorgt dafür, dass Sie eine unkomplizierte, lustbetonte Einstellung zu Ihrer Sexualität haben.

Stiere gelten als reserviert und zögern lange, bevor sie den ersten Schritt in Richtung auf jemand tun. Mit Mars im Widder sind Sie wagemutiger. Sie verlieren sogar ganz schnell die Geduld, wenn Ihre Avancen nicht sofort wärmstens erwidert werden.

Versuchen Sie einen noch etwas unentschlossenen Partner nicht zu irgendetwas zu drängen. Auch wenn Sie nur sein Bestes wollen, könnte er sich von Ihnen zu sehr unter Druck gesetzt fühlen.

MARS IM STIER

Wenn sich sowohl der Planet Mars als auch die Sonne bei Ihrer Geburt im Stier befanden, sind Sie ein erotischer, sinnlicher und zärtlicher Partner voll Energie und leidenschaftlichem Temperament.

Allerdings sind Sie mit dieser Konstellation auch oft Anfällen von Eifersucht und besitzergreifendem Verhalten ausgeliefert. Sie neigen dann zu übereilten Reaktionen, selbst wenn Ihr Partner Sie nur ein wenig necken will, indem er etwa Bewunderung für jemand anderen heuchelt. Zum Glück sind Sie an sich ein toleranter, ausgeglichener Mensch, der sich nicht so leicht provozieren lässt. Dennoch – wenn Sie mal wirklich wütend werden, gibt es eine gewaltige Explosion. Denken Sie daran, dass ein solcher Temperamentsausbruch mehr Schaden anrichten kann, als Ihnen vielleicht lieb ist.

Stiere sind Gewohnheitsmenschen. Sie sollten darauf achten, dass Ihre Partnerschaft nicht langweilig wird, und ab und zu mit Ihrem Partner kleine erotische Experimente wagen.

MARS IN DEN ZWILLINGEN

Wenn Mars bei Ihrer Geburt in den Zwillingen stand, brauchen Sie einen Partner, der Sie sowohl geistig als auch physisch fordert. Wenn sie auf sexueller und intellektueller Ebene nicht gleichermaßen zueinander passen, wird Ihre Beziehung nicht gelingen.

Der Stier betont Ihre Körperlichkeit und sorgt dafür, dass Sie Spaß am Sex haben. Der Zwillinge-Einfluss macht Sie dagegen experimentierfreudig, sodass Ihr Sexualleben erfreulich und abwechslungsreich sein dürfte.

Dies hat leider auch zur Folge, dass die Treue nicht gerade zu Ihren Tugenden gezählt werden kann. Es kann durchaus passieren, dass Sie mehrere Verhältnisse gleichzeitig haben. Was zunächst wie ein harmloser Flirt beginnt, geht bei Ihnen schnell über in eine intensive sexuelle Beziehung.

Den Ruf des Stiers ein besonders talentierter, sinnlicher Partner zu sein befestigt Mars zusätzlich, denn aus den Zwillingen heraus schenkt er Ihnen Gewandtheit, Vielseitigkeit und körperliche Energie.

MARS IM KREBS

Mars im Krebs schenkt Ihnen Beharrlichkeit. Wenn Sie einmal auf jemand ein Auge geworfen haben, verfolgen Sie ihn mit der typischen Hartnäckigkeit, die dem Stier eigen ist. Doch kann Ihr »Opfer« sich glücklich schätzen, denn Sie sind ein ausgesprochen sensibler, intuitiver und zärtlicher Partner.

Mars im Krebs macht Sie besonders liebevoll und fürsorglich. Achten Sie aber darauf, dass Sie Ihren Partner nicht mit einem Übermaß an Liebe und Fürsorge ersticken.

Ihr hitziges Stier-Temperament wird durch den Krebs-Einfluss gesteigert. Wenn Sie mit jemand in Streit geraten, kann es sein, dass Sie sehr verletzende Bemerkungen machen. Ein bisschen mehr Selbstkontrolle kann da nicht schaden. Außerdem sind Sie oft sehr nachtragend. Wahrscheinlich wäre es besser für Sie, wenn Sie versuchen würden dem Partner Ihre Gefühle möglichst offen und ehrlich mitzuteilen, auch wenn Sie sich über ihn ärgern oder gar von ihm verletzt fühlen.

MARS IM LÖWEN

Stiere mit Mars im Löwen sehen es nicht ungern, wenn jemand Annäherungsversuche unternimmt. Im Gegenteil, wenn ein potentieller Partner sein Interesse bekundet, kann es passieren, dass Sie so enthusiastisch darauf reagieren, dass der andere nur noch staunt.

Sie verfügen über grenzenlose Energie und beeindrucken jeden Partner mit Ihrer Ausdauer und Dynamik. Ihr Sexleben ist ausgelassen, fröhlich und gleichermaßen energiegeladen und Sie haben viel Spaß.

Stiere genießen das Leben in vollen Zügen und Mars im Löwen verstärkt Ihre Lebenslust. Mit Ihrer Kreativität und Ihrem Sinn für Theatralik sind Sie ein unterhaltsamer Gefährte. Allerdings können Ihr Hang zur Selbstdarstellung und Ihre Gier nach Aufmerksamkeit zuweilen auch ermüdend sein.

Sie sind empfindlich und brausen leicht auf, doch mit Mars im Löwen verfliegt Ihr Ärger meist so schnell wieder, wie er kam. Nachtragender Groll liegt Ihnen fern.

MARS IN DER JUNGFRAU

Der Einfluss von Mars in der Jungfrau schwächt zwar nicht Ihr sexuelles Verlangen, macht Sie aber sehr viel wählerischer bei der Wahl des Partners als andere Stiere. Dank Ihrer erweiterten Wahrnehmungskraft und Urteilsfähigkeit sind Sie in der Lage Ihren Lebenspartner mit Klugheit und Bedacht zu wählen.

Der feurige, sexuell aktive Mars und die zurückhaltende, kühle Jungfrau passen nicht besonders gut zusammen. Dadurch könnte Ihre Sexualität etwas gehemmt sein.

Lassen Sie nicht zu, dass der Einfluss der Jungfrau Ihre sinnliche Stier-Sexualität beeinträchtigt. Yoga oder andere Entspannungstechniken helfen gegen Nervosität und Anspannung und stimulieren zudem Ihr Körpergefühl positiv.

Der Jungfrau-Einfluss steigert Ihre geistigen und intellektuellen Fähigkeiten. Sie sollten daher Ihre Herausforderungen auf diesem Gebiet suchen. Sie blühen bei angestrengter Arbeit auf. Vergessen Sie aber nicht, dass Entspannung und Freude auch zum Leben gehören.

MARS IN DER WAAGE

Die feurige sexuelle Energie des Mars wird durch die Lethargie der Waage etwas geschwächt.

Sie sind wahrscheinlich sehr romantisch, lesen gerne Liebesgedichte, schreiben lange Liebesbriefe und sehen sich bevorzugt gefühlvolle Liebesfilme an. Wenn es aber darangeht in der Liebe physisch aktiv zu werden sind Sie eher träge. Die Aussicht auf anstrengende sexuelle Betätigung erscheint Ihnen nicht besonders verlockend. Dabei können Sie überaus liebevoll und zärtlich sein, wenn es der Partner nur versteht Ihre Sinne zu erregen.

Schütteln Sie Ihre Lustlosigkeit ab. Eigentlich haben Sie sehr viel Spaß am Sex. Wenn es Ihrem Partner gelingt Ihre Gefühle zu wecken, werden Ihre Empfindungen ungeahnte Höhen erreichen.

Wie andere Waage-Geborene sind Sie nicht der Typ für kurzlebige Affären, sondern sehnen sich nach einer befriedigenden, dauerhaften Partnerschaft, selbst solange Sie jung und ungebunden sind.

MARS IM SKORPION

Das erotische Potential der Skorpion-Geborenen ist berühmt und da Mars bei Ihrer Geburt im Skorpion stand, finden auch Sie viel von dieser starken Betonung der Sexualität in sich.

Sie sollten nach Möglichkeiten suchen um Ihre starke Sexualität auf positive Art und Weise zu verwirklichen, sonst könnten Sie aus dem Gleichgewicht geraten. Wenn Sie Ihre sexuellen Energien nicht ausleben können, werden Sie unglücklich und frustriert. Weil Sex eine große Rolle in Ihrem Leben spielt, brauchen Sie auch unbedingt einen Partner, der in erotischer Hinsicht gut zu Ihnen passt, sonst kann Ihre Beziehung auf Dauer keinen Bestand haben.

Sie haben viel Freude am Leben und Ihr Partner lässt sich gern von Ihrer Lebenslust anstecken. Sie sind ein treuer und loyaler Partner, allerdings können Sie auch völlig grundlos eifersüchtig werden. Achten Sie darauf, dass dieser negative Zug nicht überhand nimmt; er könnte Ihre Partnerschaft ernsthaft gefährden.

MARS IM SCHÜTZEN

Sie besitzen eine unkomplizierte Haltung gegenüber Liebe und Sex. Sie haben erotische Energie und Enthusiasmus im Übermaß, was Sie mit verführerischem Charme beweisen. Vernachlässigen Sie aber in Ihrem Eifer, die eigenen sexuellen Bedürfnisse zu befriedigen, die Gefühle Ihrer Partner nicht.

Sie benutzen Ihre sexuelle Ausstrahlung gern dazu, um jemand zu verführen und ihn nach einer kurzen, leidenschaftlichen Affäre wieder fallen zu lassen. Schütze-Geborene sind sehr unabhängige, freiheitsliebende Typen mit starkem sexuellem Appetit. Sie sollten aber bedenken, dass Sie andere mit Ihrem Verhalten sehr verletzen können.

Sie leben nach dem Motto »Besser die Taube auf dem Dach als der Spatz in der Hand« und glauben, hinter jeder nächsten Wegbiegung lauere das wahre Glück. Das aber ist nur selten der Fall. Überlegen Sie es sich gut, ob Sie eine bestehende glückliche Beziehung wirklich aufs Spiel setzen wollen.

MARS IM STEINBOCK

Eine Beziehung zu einem Stier mit Mars im Steinbock ähnelt einer Fahrt auf der Achterbahn. Es gibt immer wieder Höhen und Tiefen – intensive leidenschaftliche Momente und im nächsten Augenblick kühle Distanz. Ihr Charme erhält dank der Allüren des Steinbocks eine faszinierende, schillernde Note.

Sie sind von Natur aus eher vorsichtig und überlegen es sich lieber zweimal, ob Sie eine Beziehung eingehen. Wenn Sie sich dann für jemand entschieden haben, signalisieren Sie dies auf überraschend kühle, zurückhaltende Art. Mit Ihrer für Steinbock-Geborene typischen Reserviertheit und Zurückhaltung lassen Sie den Partner manchmal ganz schön zappeln.

Solange Ihr Partner diese kühle zurückhaltende Art versteht und akzeptiert, können Sie eine sehr erfolgreiche Beziehung miteinander führen. Sie sind vielleicht kein feuriger und leidenschaftlicher Partner, aber Sie haben dafür Treue und Beständigkeit zu bieten – auf lange Sicht vielleicht die wertvolleren Eigenschaften.

MARS IM WASSERMANN

Mit Mars im Wassermann sind Sie an einer längerfristigen Beziehung nicht so interessiert, vor allem dann nicht, wenn Sie den Verdacht haben, der andere strebe eine feste Bindung an. Ihnen geht Ihre persönliche Freiheit und Unabhängigkeit über alles, und die hüten Sie eifersüchtig.

Wenn Sie sich schließlich doch auf eine Partnerschaft einlassen, dann nur unter der Bedingung, dass der andere Sie nicht einengt.

Es kann passieren, dass Sie auf demonstrative Zärtlichkeiten und Liebesbezeugungen ausgesprochen kühl und herzlos reagieren – nur aus Angst vor einer allzu engen Bindung und aus Trotz.

Als Stier haben Sie Spaß an Sex, aber Sie als leidenschaftlichen Partner zu bezeichnen wäre übertrieben. Sie besitzen nicht gerade unbedingt ein hohes Maß an körperlicher Energie, aber dank Mars im Wassermann sind Sie ein aufregender Partner, dem es Spaß macht zu experimentieren und der ein unkonventionelles, abwechslungsreiches Sexualleben schätzt.

MARS IN DEN FISCHEN

Mars in den Fischen setzt bei Ihnen starke Emotionen und einen tiefen Hang zur Romantik frei. Mit Ihrer natürlichen, warmherzigen Stier-Sinnlichkeit sind Sie ein begehrenswerter Partner, auch wenn Sie nicht besonders leidenschaftlich sind.

Sie lieben das Spiel der Erotik und genießen es verliebt zu sein. Achten Sie darauf, dass Sie sich nicht in eine romantische Traumwelt flüchten, sondern mit einem Bein auf dem Boden bleiben.

In einer glücklichen und auch sexuell befriedigenden Beziehung können sich Ihre tiefen Gefühle wunderbar offen entfalten. Sie sind bereit für eine Beziehung erhebliche Opfer zu bringen, wenn Sie den richtigen Partner gefunden haben.

Sie sind ein glühender, poetischer Partner mit einer außergewöhnlich lebhaften sexuellen Fantasie, die Sie keineswegs unterdrücken sollten. Nutzen Sie diese Fantasie um sich und Ihrem Partner noch mehr Vergnügen zu bereiten.

GESCHENKE DER LIEBE

DIE ASTROLOGIE ERMÖGLICHT IHNEN NICHT NUR FASZINIERENDE EINBLICKE IN DIE PERSÖNLICHKEIT IHRES PARTNERS, SIE KANN IHNEN AUCH WERTVOLLE HINWEISE GEBEN, WELCHES DIE IDEALEN GESCHENKE FÜR IHREN PARTNER SIND.

HAARSPANGE

Widder

Die vom Widder regierte Körperregion ist der Kopf. Deshalb sind Accessoires für die Haare das richtige Geschenk. Auch mit Sportzubehör können Sie ihn erfreuen.

TISCHTENNISBÄLLE

BESTICKTES KISSEN

Stier

Für Stiere kommt Qualität vor Quantität. Handbemaltes Porzellan oder ein kuschliges, reich besticktes Kissen sind ein passendes Geschenk.

PILLENDÖSCHEN AUS PORZELLAN

MACADAMIA-NÜSSE

Zwillinge

Über eine hübsche Schachtel mit exotischen Nüssen oder kandierten Mandeln freuen sich Zwillinge garantiert.

Chinesische Schnupftabakdose

Antike silberne Dose

Krebs

Krebse sammeln gerne Antiquitäten und Trödel, vor allem Silber. Ein alter Stich von einem Schiff oder dem Ozean ist ebenfalls ein passendes Geschenk.

Orientalisches Kissen

Goldener Schlüsselanhänger

Löwe

Gold ist das Metall des Löwen; deshalb liebt er alles, was aus Gold oder goldfarben ist. Löwen gefallen auch extravagante, farbenprächtige Sachen, wie zum Beispiel ein auffällig gemustertes Kissen.

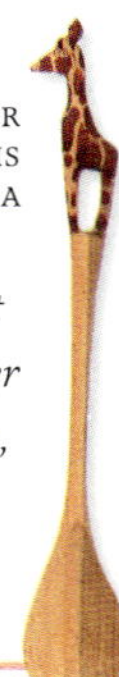

Geschnitzter Löffel aus Afrika

Jungfrau

Die Jungfrau liebt Gartenarbeit und freut sich über Gartenbücher oder -geräte. Auch von Objekten, die aus Holz geschnitzt sind, wird sie entzückt sein.

Gartenwerkzeug

Geschenke der Liebe

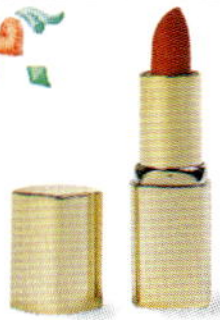

Exklusiver Lippenstift

Gemusterter Ledergürtel

Waage

Waagen lieben luxuriöse Dinge und werden von Kosmetika oder verführerischer Unterwäsche entzückt sein.

Parfümiertes Badeöl

Skorpion

Skorpione mögen schöne Gürtel oder Brieftaschen aus Leder. Der Skorpion ist ein Wasserzeichen und freut sich deshalb auch über schöne Badeutensilien.

Schütze

Der abenteuerlustige Schütze reist leidenschaftlich gern und freut sich stets über Reiseliteratur oder alte Landkarten, Globen und Kompasse.

Reisebücher

Alter Kompass

Geschenke der Liebe

Handgemachte Keramiktasse

Steinbock

Das Beste ist dem wählerischen Steinbock gerade gut genug. Schenken Sie ihm eine schwere Glaskaraffe, einen schönen Füllfederhalter oder einen Bilderrahmen aus Silber.

Glaskaraffe

Wassermann

Handgefertigte, moderne Keramik oder Glas und glitzernder Modeschmuck sind das Richtige für den Wassermann.

Indisches Seidenkissen

Schillernde Glaskugeln

Schmucksteine

Smaragd

Schenken Sie Ihrem Partner den Schmuckstein, der zu seinem Sonnenzeichen passt:

Widder: *Diamant*
Stier: *Smaragd*
Zwilling: *Achat* · Krebs: *Perle*
Löwe: *Rubin* · Jungfrau: *Sardonyx*
Waage: *Saphir* · Skorpion: *Opal*
Schütze: *Topas*
Steinbock: *Amethyst*
Wassermann: *Aquamarin*
Fische: *Mondstein*

Fische

Der sinnliche Fisch liebt Samt und Seide – schenken Sie ihm einen Schal aus fließender Seide oder ein weiches Samtkissen. Auch über irisierendes Glas wird er sich freuen.

IHRE FESTE BEZIEHUNG

STIERE BLÜHEN AUF IN EINER HARMONISCHEN, STABILEN PARTNERSCHAFT. SIE SIND LIEBEVOLLE UND GROSSZÜGIGE PARTNER, KÖNNEN ABER AUCH SEHR BESITZERGREIFEND WERDEN.

Für den Stier ist es sehr wichtig, sich ein schönes Zuhause und ein intaktes Familienleben zu schaffen. Beziehungen auf kurze Dauer sind nichts für Sie. Andere finden es vielleicht aufregend immer wieder neue Affären zu haben – Sie werden nur in einer festen Beziehung glücklich werden.

Der Charme des Stiers und Ihr gutes Aussehen erleichtern Ihnen die Suche nach einem Partner. Dennoch werden Sie sich niemals Hals über Kopf in eine Beziehung stürzen, denn Sie müssen den anderen erst gut kennen lernen, bevor Sie sich wirklich mit ihm einlassen.

Sie lieben das Leben und arbeiten hart dafür, um die schönen Dinge des Lebens genießen zu können. Auf Dauer werden Sie sich nicht mit einem schmalen finanziellen Budget zufrieden geben, auch wenn Sie vielleicht fürs Erste gemeinsam mit dem Partner nur kleine Brötchen backen können. Sie werden vielmehr Ihren ganzen Ehrgeiz daransetzen eines Tages ein schönes, großzügiges und gemütliches Zuhause zu besitzen und nicht ruhen, bis Sie das auch erreicht haben.

Die Aussicht auf ein gemeinsames Leben in einem ansprechenden Ambiente lässt Sie zu einem Optimisten werden. Ihr Heim betrachten Sie als Symbol für emotionale Sicherheit und als Zuflucht. Sie setzen alles daran um Ihrem Partner und ihren Kindern ein sicheres Zuhause und die besten materiellen Voraussetzungen bieten zu können.

Der Stier gilt typischerweise als sehr besitzergreifend – das könnte zu Problemen in der Partnerschaft führen. Lassen Sie es nicht zu, dass Sie mit Ihrer Eifersucht eine

Zu neuen Ufern
Das Gemälde von Caspar David Friedrich zeigt ein frisch vermähltes Paar, das in einem Segelschiff einer strahlenden, aber ungewissen Zukunft entgegenfährt.

bedrückende, gefängnisartige Atmosphäre schaffen. Die beste Taktik, Ihre Eifersucht zu kontrollieren, dürfte sein sie zu erkennen und im Keim zu ersticken.

Ihre ständige Fürsorge für die Familie könnte ebenfalls Konflikte auslösen. Sie als Stier tun alles dafür, um Karriere zu machen und finanzielle Sicherheiten zu schaffen, damit Ihre Familie sich alles leisten kann, was sie sich leisten möchte. Das ist zwar ein edler Beweggrund, es könnte aber auch dazu führen, dass Sie mehr Zeit in der Firma als zu Hause verbringen. Bringen Sie sich nicht um das Vergnügen Ihre Kinder aufwachsen zu sehen und ein harmonisches Familienleben zu erleben.

VENUS- & MARS-TABELLEN

DIESE TABELLEN SAGEN IHNEN, IN WELCHEM ZEICHEN VENUS UND MARS ZUM ZEITPUNKT IHRER GEBURT GESTANDEN HABEN. AUF DEN SEITEN 24-45 KÖNNEN SIE NACHLESEN, WAS DIESE TATSACHE ÜBER IHR LIEBES- UND SEXUALLEBEN AUSSAGT.

Mit Hilfe der Tabellen auf Seite 53-61 können Sie die Positionen von Venus bzw. Mars zum Zeitpunkt Ihrer Geburt ermitteln.

Suchen Sie zuerst in der Kopfzeile der nebenstehenden Tabelle Ihr Geburtsjahr, dann, wenn Sie es gefunden haben, in der entsprechenden linken Spalte den Geburtsmonat. Im Schnittpunkt beider Linien finden Sie einige Zahlen und Tierkreissymbole. Die Zahlen und Symbole zeigen Ihnen, in welchem Zeichen der Planet am ersten Tag jenes Monats stand, und an welchem Tag er in ein anderes Zeichen wanderte.

Ein Beispiel: Um herauszufinden, in welchem Zeichen Venus am 10. Mai 1968 stand, fahren Sie mit dem Finger die Spalte des Jahres 1968 ab, bis Sie zum Monat Mai gelangen. Die dortigen Zahlen und Symbole besagen, dass Venus am 1. Mai im Widder stand, am 4. Mai in den Stier wanderte und am 28. Mai in die Zwillinge wechselte. Demnach stand die Venus am 10. Mai im Stier.

Falls einer der Planeten an Ihrem Geburtstag in ein anderes Zeichen gewandert ist, könnte es sein, dass sich die Positionen von Venus und Mars nicht völlig präzise bestimmen lassen. Trifft die einschlägige Charakterisierung auf Sie nicht zu, lesen Sie bitte, was über das vorherige bzw. nachfolgende Zeichen gesagt wurde. Eines der Zeichen ist dann bestimmt zutreffend.

TIERKREISZEICHEN

♈ WIDDER	♎ WAAGE
♉ STIER	♏ SKORPION
♊ ZWILLINGE	♐ SCHÜTZE
♋ KREBS	♑ STEINBOCK
♌ LÖWE	♒ WASSERMANN
♍ JUNGFRAU	♓ FISCHE

Venus-Tabellen

♀	1921	1922	1923	1924	1925	1926	1927	1928
JAN	1 ♒ 7 ♓	1 ♑ 25 ♒	1 ♏ 3 ♐	1 ♒ 20 ♓	1 ♐ 15 ♑	1 ♒	1 ♑ 10 ♒	1 ♏ 5 ♐ 30 ♑
FEB	1 ♓ 3 ♈	1 ♒ 18 ♓	1 ♐ 7 ♑ 14 ♒	1 ♓ 14 ♈	1 ♑ 8 ♒	1 ♒	1 ♒ 3 ♓ 27 ♈	1 ♑ 23 ♒
MÄR	1 ♈ 8 ♉	1 ♓ 14 ♈	1 ♑ 7 ♒	1 ♈ 10 ♉	1 ♒ 5 ♓ 29 ♈	1 ♒	1 ♈ 23 ♉	1 ♒ 19 ♓
APR	1 ♉ 26 ♈	1 ♈ 7 ♉	1 ♒ 2 ♓ 27 ♈	1 ♉ 6 ♊	1 ♈ 22 ♉	1 ♒ 7 ♓	1 ♉ 17 ♊	1 ♓ 12 ♈
MAI	1 ♈	1 ♉ 2 ♊ 26 ♋	1 ♈ 22 ♉	1 ♊ 7 ♋	1 ♉ 16 ♊	1 ♓ 7 ♈	1 ♊ 13 ♋	1 ♈ 7 ♉ 31 ♊
JUN	1 ♈ 3 ♉	1 ♋ 20 ♌	1 ♉ 16 ♊	1 ♋	1 ♊ 10 ♋	1 ♈ 3 ♉ 29 ♊	1 ♋ 9 ♌	1 ♊ 24 ♋
JUL	1 ♉ 9 ♊	1 ♌ 16 ♍	1 ♊ 11 ♋	1 ♋	1 ♋ 4 ♌ 29 ♍	1 ♊ 25 ♋	1 ♌ 8 ♍	1 ♋ 19 ♌
AUG	1 ♊ 6 ♋	1 ♍ 11 ♎	1 ♋ 4 ♌ 28 ♍	1 ♋	1 ♍ 23 ♎	1 ♋ 19 ♌	1 ♍	1 ♌ 12 ♍
SEP	1 ♌ 27 ♍	1 ♎ 8 ♏	1 ♍ 22 ♎	1 ♋ 8 ♌	1 ♎ 17 ♏	1 ♌ 12 ♍	1 ♍	1 ♍ 5 ♎ 30 ♏
OKT	1 ♍ 21 ♎	1 ♏ 11 ♐	1 ♎ 16 ♏	1 ♌ 8 ♍	1 ♏ 12 ♐	1 ♍ 6 ♎ 30 ♏	1 ♍	1 ♏ 24 ♐
NOV	1 ♎ 14 ♏	1 ♐ 29 ♏	1 ♏ 9 ♐	1 ♍ 3 ♎ 28 ♏	1 ♐ 7 ♑	1 ♏ 23 ♐	1 ♍ 10 ♎	1 ♐ 18 ♑
DEZ	1 ♏ 8 ♐	1 ♏	1 ♐ 3 ♑ 27 ♒	1 ♏ 22 ♐	1 ♑ 6 ♒	1 ♐ 17 ♑	1 ♎ 9 ♏	1 ♑ 13 ♒

♀	1929	1930	1931	1932	1933	1934	1935	1936
JAN	1 ♒ 7 ♓	1 ♑ 25 ♒	1 ♏ 4 ♐	1 ♒ 20 ♓	1 ♐ 15 ♑	1 ♒	1 ♑ 9 ♒	1 ♏ 4 ♐ 29 ♑
FEB	1 ♓ 3 ♈	1 ♒ 17 ♓	1 ♐ 7 ♑	1 ♓ 13 ♈	1 ♑ 8 ♒	1 ♒	1 ♒ 2 ♓ 27 ♈	1 ♑ 23 ♒
MÄR	1 ♈ 9 ♉	1 ♓ 13 ♈	1 ♑ 6 ♒	1 ♈ 10 ♉	1 ♒ 4 ♓ 28 ♈	1 ♒	1 ♈ 23 ♉	1 ♒ 18 ♓
APR	1 ♉ 21 ♈	1 ♈ 7 ♉	1 ♓ 27 ♈	1 ♉ 6 ♊	1 ♈ 21 ♉	1 ♒ 7 ♓	1 ♉ 17 ♊	1 ♓ 12 ♈
MAI	1 ♈	1 ♊ 26 ♋	1 ♈ 22 ♉	1 ♊ 7 ♋	1 ♉ 16 ♊	1 ♓ 7 ♈	1 ♊ 12 ♋	1 ♈ 6 ♉ 30 ♊
JUN	1 ♈ 4 ♉	1 ♋ 20 ♌	1 ♉ 15 ♊	1 ♋	1 ♊ 9 ♋	1 ♈ 3 ♉ 29 ♊	1 ♋ 8 ♌	1 ♊ 24 ♋
JUL	1 ♉ 9 ♊	1 ♌ 15 ♍	1 ♊ 10 ♋	1 ♋ 14 ♊ 29 ♋	1 ♋ 4 ♌ 28 ♍	1 ♊ 24 ♋	1 ♌ 8 ♍	1 ♋ 18 ♌
AUG	1 ♊ 6 ♋	1 ♍ 11 ♎	1 ♋ 4 ♌ 28 ♍	1 ♋	1 ♍ 22 ♎	1 ♋ 18 ♌	1 ♍	1 ♌ 12 ♍
SEP	1 ♌ 26 ♍	1 ♎ 8 ♏	1 ♍ 21 ♎	1 ♋ 9 ♌	1 ♎ 16 ♏	1 ♌ 12 ♍	1 ♍	1 ♍ 5 ♎ 29 ♏
OKT	1 ♍ 21 ♎	1 ♏ 13 ♐	1 ♎ 15 ♏	1 ♌ 8 ♍	1 ♏ 12 ♐	1 ♍ 6 ♎ 30 ♏	1 ♍	1 ♏ 24 ♐
NOV	1 ♎ 14 ♏	1 ♐ 23 ♏	1 ♏ 8 ♐	1 ♍ 3 ♎ 28 ♏	1 ♐ 7 ♑	1 ♏ 23 ♐	1 ♍ 10 ♎	1 ♐ 17 ♑
DEZ	1 ♏ 8 ♐ 31 ♑	1 ♏	1 ♐ 2 ♑ 26 ♒	1 ♏ 22 ♐	1 ♑ 6 ♒	1 ♐ 17 ♑	1 ♎ 9 ♏	1 ♑ 12 ♒

Venus-Tabellen

♀	1937	1938	1939	1940	1941	1942	1943	1944
JAN	1 ♒ 7 ♓	1 ♑ 24 ♒	1 ♏ 5 ♐	1 ♒ 19 ♓	1 ♐ 14 ♑	1 ♒	1 ♑ 9 ♒	1 ♏ 4 ♐ 29 ♑
FEB	1 ♓ 3 ♈	1 ♒ 17 ♓	1 ♐ 7 ♑	1 ♓ 13 ♈	1 ♑ 7 ♒	1 ♒	1 ♒ 2 ♓ 26 ♈	1 ♑ 22 ♒
MÄR	1 ♈ 10 ♉	1 ♓ 13 ♈	1 ♑ 6 ♒	1 ♈ 9 ♉	1 ♒ 3 ♓ 28 ♈	1 ♒	1 ♈ 22 ♉	1 ♒ 18 ♓
APR	1 ♉ 15 ♈	1 ♈ 6 ♉ 30 ♊	1 ♓ 26 ♈	1 ♉ 5 ♊	1 ♈ 21 ♉	1 ♒ 7 ♓	1 ♉ 16 ♊	1 ♓ 11 ♈
MAI	1 ♈	1 ♊ 25 ♋	1 ♈ 21 ♉	1 ♊ 7 ♋	1 ♉ 15 ♊	1 ♓ 7 ♈	1 ♊ 12 ♋	1 ♈ 5 ♉ 30 ♊
JUN	1 ♈ 5 ♉	1 ♋ 19 ♌	1 ♉ 15 ♊	1 ♋	1 ♊ 8 ♋	1 ♈ 3 ♉ 28 ♊	1 ♋ 8 ♌	1 ♊ 23 ♋
JUL	1 ♉ 8 ♊	1 ♌ 15 ♍	1 ♊ 10 ♋	1 ♋ 6 ♊	1 ♋ 3 ♌ 28 ♍	1 ♊ 24 ♋	1 ♌ 8 ♍	1 ♋ 18 ♌
AUG	1 ♊ 5 ♋	1 ♍ 10 ♎	1 ♋ 3 ♌ 27 ♍	1 ♊ 2 ♋	1 ♍ 22 ♎	1 ♋ 18 ♌	1 ♍	1 ♌ 11 ♍
SEP	1 ♌ 26 ♍	1 ♎ 8 ♏	1 ♍ 21 ♎	1 ♋ 9 ♌	1 ♎ 16 ♏	1 ♌ 11 ♍	1 ♍	1 ♍ 4 ♎ 29 ♏
OKT	1 ♍ 20 ♎	1 ♏ 14 ♐	1 ♎ 15 ♏	1 ♌ 7 ♍	1 ♏ 11 ♐	1 ♍ 5 ♎ 29 ♏	1 ♍	1 ♏ 23 ♐
NOV	1 ♎ 13 ♏	1 ♐ 16 ♏	1 ♏ 8 ♐	1 ♍ 2 ♎ 27 ♏	1 ♐ 7 ♑	1 ♏ 22 ♐	1 ♍ 10 ♎	1 ♐ 17 ♑
DEZ	1 ♏ 7 ♐ 31 ♑	1 ♏	1 ♐ 2 ♑ 26 ♒	1 ♏ 21 ♐	1 ♑ 6 ♒	1 ♐ 16 ♑	1 ♎ 9 ♏	1 ♑ 12 ♒

♀	1945	1946	1947	1948	1949	1950	1951	1952
JAN	1 ♒ 6 ♓	1 ♑ 23 ♒	1 ♏ 6 ♐	1 ♒ 19 ♓	1 ♐ 14 ♑	1 ♒	1 ♑ 8 ♒	1 ♏ 3 ♐ 28 ♑
FEB	1 ♓ 3 ♈	1 ♒ 16 ♓	1 ♐ 7 ♑	1 ♓ 12 ♈	1 ♑ 7 ♒	1 ♒	1 ♓ 25 ♈	1 ♑ 21 ♒
MÄR	1 ♈ 12 ♉	1 ♓ 12 ♈	1 ♑ 6 ♒ 31 ♓	1 ♈ 9 ♉	1 ♒ 3 ♓ 27 ♈	1 ♒	1 ♈ 22 ♉	1 ♒ 17 ♓
APR	1 ♉ 8 ♈	1 ♈ 6 ♉ 30 ♊	1 ♓ 26 ♈	1 ♉ 5 ♊	1 ♈ 20 ♉	1 ♒ 7 ♓	1 ♉ 16 ♊	1 ♓ 10 ♈
MAI	1 ♈	1 ♊ 25 ♋	1 ♈ 21 ♉	1 ♊ 8 ♋	1 ♉ 15 ♊	1 ♓ 6 ♈	1 ♊ 12 ♋	1 ♈ 5 ♉ 29 ♊
JUN	1 ♈ 5 ♉	1 ♋ 19 ♌	1 ♉ 14 ♊	1 ♋ 30 ♊	1 ♊ 8 ♋	1 ♈ 2 ♉ 28 ♊	1 ♋ 8 ♌	1 ♊ 23 ♋
JUL	1 ♉ 8 ♊	1 ♌ 14 ♍	1 ♊ 9 ♋	1 ♊	1 ♋ 2 ♌ 27 ♍	1 ♊ 23 ♋	1 ♌ 9 ♍	1 ♋ 17 ♌
AUG	1 ♊ 5 ♋ 31 ♌	1 ♍ 10 ♎	1 ♋ 3 ♌ 27 ♍	1 ♊ 4 ♋	1 ♍ 21 ♎	1 ♋ 17 ♌	1 ♍	1 ♌ 10 ♍
SEP	1 ♌ 25 ♍	1 ♎ 8 ♏	1 ♍ 20 ♎	1 ♋ 9 ♌	1 ♎ 15 ♏	1 ♌ 11 ♍	1 ♍	1 ♍ 4 ♎ 28 ♏
OKT	1 ♍ 20 ♎	1 ♏ 17 ♐	1 ♎ 14 ♏	1 ♌ 7 ♍	1 ♏ 11 ♐	1 ♍ 5 ♎ 29 ♏	1 ♍	1 ♏ 23 ♐
NOV	1 ♎ 13 ♏	1 ♐ 9 ♏	1 ♏ 7 ♐	1 ♍ 2 ♎ 27 ♏	1 ♐ 7 ♑	1 ♏ 22 ♐	1 ♍ 10 ♎	1 ♐ 16 ♑
DEZ	1 ♏ 7 ♐ 31 ♑	1 ♏	1 ♑ 25 ♒	1 ♏ 21 ♐	1 ♑ 7 ♒	1 ♐ 15 ♑	1 ♎ 9 ♏	1 ♑ 11 ♒

Venus-Tabellen

♀	1953	1954	1955	1956	1957	1958	1959	1960
JAN	1 ♒ 6 ♓	1 ♑ 23 ♒	1 ♏ 7 ♐	1 ♒ 18 ♓	1 ♐ 13 ♑	1 ♒	1 ♑ 8 ♒	1 ♏ 3 ♐ 28 ♑
FEB	1 ♓ 3 ♈	1 ♒ 16 ♓	1 ♐ 7 ♑	1 ♓ 12 ♈	1 ♑ 6 ♒	1 ♒	1 ♓ 25 ♈	1 ♑ 21 ♒
MÄR	1 ♈ 15 ♉	1 ♓ 12 ♈	1 ♑ 5 ♒ 31 ♓	1 ♈ 8 ♉	1 ♒ 2 ♓ 26 ♈	1 ♒	1 ♈ 21 ♉	1 ♒ 16 ♓
APR	1 ♈	1 ♈ 5 ♉ 29 ♊	1 ♓ 25 ♈	1 ♉ 5 ♊	1 ♈ 19 ♉	1 ♒ 7 ♓	1 ♉ 15 ♊	1 ♓ 10 ♈
MAI	1 ♈	1 ♊ 24 ♋	1 ♈ 20 ♉	1 ♊ 9 ♋	1 ♉ 14 ♊	1 ♓ 6 ♈	1 ♊ 11 ♋	1 ♈ 4 ♉ 29 ♊
JUN	1 ♈ 6 ♉	1 ♋ 18 ♌	1 ♉ 14 ♊	1 ♋ 24 ♊	1 ♊ 7 ♋	1 ♈ 2 ♉ 27 ♊	1 ♋ 7 ♌	1 ♊ 22 ♋
JUL	1 ♉ 8 ♊	1 ♌ 14 ♍	1 ♊ 9 ♋	1 ♊	1 ♋ 2 ♌ 27 ♍	1 ♊ 22 ♋	1 ♌ 9 ♍	1 ♋ 16 ♌
AUG	1 ♊ 5 ♋ 31 ♌	1 ♍ 10 ♎	1 ♋ 2 ♌ 26 ♍	1 ♊ 5 ♋	1 ♍ 21 ♎	1 ♋ 16 ♌	1 ♍	1 ♌ 9 ♍
SEP	1 ♌ 25 ♍	1 ♎ 7 ♏	1 ♍ 19 ♎	1 ♋ 9 ♌	1 ♎ 15 ♏	1 ♌ 10 ♍	1 ♍ 21 ♌ 26 ♍	1 ♍ 3 ♎ 28 ♏
OKT	1 ♍ 19 ♎	1 ♏ 24 ♐ 28 ♏	1 ♎ 13 ♏	1 ♌ 7 ♍	1 ♏ 11 ♐	1 ♍ 3 ♎ 28 ♏	1 ♍	1 ♏ 22 ♐
NOV	1 ♎ 12 ♏	1 ♏	1 ♏ 6 ♐	1 ♎ 26 ♏	1 ♐ 6 ♑	1 ♏ 21 ♐	1 ♍ 10 ♎	1 ♐ 16 ♑
DEZ	1 ♏ 6 ♐ 30 ♑	1 ♏	1 ♑ 25 ♒	1 ♏ 20 ♐	1 ♑ 7 ♒	1 ♐ 15 ♑	1 ♎ 8 ♏	1 ♑ 11 ♒

♀	1961	1962	1963	1964	1965	1966	1967	1968
JAN	1 ♒ 6 ♓	1 ♑ 22 ♒	1 ♏ 7 ♐	1 ♒ 17 ♓	1 ♐ 13 ♑	1 ♒	1 ♑ 7 ♒ 31 ♓	1 ♏ 2 ♐ 27 ♑
FEB	1 ♓ 3 ♈	1 ♒ 15 ♓	1 ♐ 6 ♑	1 ♓ 11 ♈	1 ♑ 6 ♒	1 ♒ 7 ♑ 26 ♒	1 ♓ 24 ♈	1 ♑ 21 ♒
MÄR	1 ♈	1 ♓ 11 ♈	1 ♑ 5 ♒ 31 ♓	1 ♈ 8 ♉	1 ♒ 2 ♓ 26 ♈	1 ♒	1 ♈ 21 ♉	1 ♒ 16 ♓
APR	1 ♈	1 ♈ 4 ♉ 29 ♊	1 ♓ 25 ♈	1 ♉ 5 ♊	1 ♈ 19 ♉	1 ♒ 7 ♓	1 ♉ 15 ♊	1 ♓ 9 ♈
MAI	1 ♈	1 ♊ 24 ♋	1 ♈ 19 ♉	1 ♊ 10 ♋	1 ♉ 13 ♊	1 ♓ 6 ♈	1 ♊ 11 ♋	1 ♈ 4 ♉ 28 ♊
JUN	1 ♈ 6 ♉	1 ♋ 18 ♌	1 ♉ 13 ♊	1 ♋ 18 ♊	1 ♊ 7 ♋	1 ♉ 27 ♊	1 ♋ 7 ♌	1 ♊ 21 ♋
JUL	1 ♉ 8 ♊	1 ♌ 13 ♍	1 ♊ 8 ♋	1 ♊	1 ♌ 26 ♍	1 ♊ 22 ♋	1 ♌ 9 ♍	1 ♋ 16 ♌
AUG	1 ♊ 4 ♋ 30 ♌	1 ♍ 9 ♎	1 ♌ 26 ♍	1 ♊ 6 ♋	1 ♍ 20 ♎	1 ♋ 16 ♌	1 ♍	1 ♌ 9 ♍
SEP	1 ♌ 24 ♍	1 ♎ 8 ♏	1 ♍ 18 ♎	1 ♋ 9 ♌	1 ♎ 14 ♏	1 ♌ 9 ♍	1 ♍ 10 ♌	1 ♍ 3 ♎ 27 ♏
OKT	1 ♍ 18 ♎	1 ♏	1 ♎ 13 ♏	1 ♌ 6 ♍	1 ♏ 10 ♐	1 ♍ 3 ♎ 27 ♏	1 ♌ 2 ♍	1 ♏ 22 ♐
NOV	1 ♎ 12 ♏	1 ♏	1 ♏ 6 ♐ 30 ♑	1 ♎ 25 ♏	1 ♐ 6 ♑	1 ♏ 20 ♐	1 ♍ 10 ♎	1 ♐ 15 ♑
DEZ	1 ♏ 6 ♐ 29 ♑	1 ♏	1 ♑ 24 ♒	1 ♏ 20 ♐	1 ♑ 8 ♒	1 ♐ 14 ♑	1 ♎ 8 ♏	1 ♑ 10 ♒

Venus-Tabellen

♀	1969	1970	1971	1972	1973	1974	1975	1976
JAN	1 ♒ 5 ♓	1 ♑ 22 ♒	1 ♏ 8 ♐	1 ♒ 17 ♓	1 ♐ 12 ♑	1 ♒ 30 ♑	1 ♑ 7 ♒ 31 ♓	1 ♏ 2 ♐ 27 ♑
FEB	1 ♓ 3 ♈	1 ♒ 15 ♓	1 ♐ 6 ♑	1 ♓ 11 ♈	1 ♑ 5 ♒	1 ♑	1 ♓ 24 ♈	1 ♑ 20 ♒
MÄR	1 ♈	1 ♓ 11 ♈	1 ♑ 5 ♒ 30 ♓	1 ♈ 8 ♉	1 ♓ 25 ♈	1 ♒	1 ♈ 20 ♉	1 ♒ 15 ♓
APR	1 ♈	1 ♈ 4 ♉ 28 ♊	1 ♓ 24 ♈	1 ♉ 4 ♊	1 ♈ 19 ♉	1 ♒ 7 ♓	1 ♉ 14 ♊	1 ♓ 9 ♈
MAI	1 ♈	1 ♊ 23 ♋	1 ♈ 19 ♉	1 ♊ 11 ♋	1 ♉ 13 ♊	1 ♓ 5 ♈	1 ♊ 10 ♋	1 ♈ 3 ♉ 27 ♊
JUN	1 ♈ 6 ♉	1 ♋ 17 ♌	1 ♉ 13 ♊	1 ♋ 12 ♊	1 ♊ 6 ♋	1 ♉ 26 ♊	1 ♋ 7 ♌	1 ♊ 21 ♋
JUL	1 ♉ 7 ♊	1 ♌ 13 ♍	1 ♊ 7 ♋	1 ♊	1 ♌ 26 ♍	1 ♊ 22 ♋	1 ♌ 10 ♍	1 ♋ 15 ♌
AUG	1 ♊ 4 ♋ 30 ♌	1 ♍ 9 ♎	1 ♌ 25 ♍	1 ♊ 7 ♋	1 ♍ 19 ♎	1 ♋ 15 ♌	1 ♍	1 ♌ 9 ♍
SEP	1 ♌ 24 ♍	1 ♎ 8 ♏	1 ♍ 18 ♎	1 ♋ 8 ♌	1 ♎ 14 ♏	1 ♌ 9 ♍	1 ♍ 3 ♌	1 ♍ 2 ♎ 26 ♏
OKT	1 ♍ 18 ♎	1 ♏	1 ♎ 12 ♏	1 ♌ 6 ♍ 31 ♎	1 ♏ 10 ♐	1 ♍ 3 ♎ 27 ♏	1 ♌ 5 ♍	1 ♏ 21 ♐
NOV	1 ♎ 11 ♏	1 ♏	1 ♏ 5 ♐ 30 ♑	1 ♎ 25 ♏	1 ♐ 6 ♑	1 ♏ 20 ♐	1 ♍ 10 ♎	1 ♐ 15 ♑
DEZ	1 ♏ 5 ♐ 29 ♑	1 ♏	1 ♑ 24 ♒	1 ♏ 19 ♐	1 ♑ 8 ♒	1 ♐ 14 ♑	1 ♎ 7 ♏	1 ♑ 10 ♒

♀	1977	1978	1979	1980	1981	1982	1983	1984
JAN	1 ♒ 5 ♓	1 ♑ 21 ♒	1 ♏ 8 ♐	1 ♒ 16 ♓	1 ♐ 12 ♑	1 ♒ 24 ♑	1 ♑ 6 ♒ 30 ♓	1 ♏ 2 ♐ 26 ♑
FEB	1 ♓ 3 ♈	1 ♒ 14 ♓	1 ♐ 6 ♑	1 ♓ 10 ♈	1 ♑ 5 ♒ 28 ♓	1 ♑	1 ♓ 23 ♈	1 ♑ 20 ♒
MÄR	1 ♈	1 ♓ 10 ♈	1 ♑ 4 ♒ 29 ♓	1 ♈ 7 ♉	1 ♓ 25 ♈	1 ♑ 3 ♒	1 ♈ 20 ♉	1 ♒ 15 ♓
APR	1 ♈	1 ♈ 3 ♉ 28 ♊	1 ♓ 23 ♈	1 ♉ 4 ♊	1 ♈ 18 ♉	1 ♒ 7 ♓	1 ♉ 14 ♊	1 ♓ 8 ♈
MAI	1 ♈	1 ♊ 22 ♋	1 ♈ 18 ♉	1 ♊ 13 ♋	1 ♉ 12 ♊	1 ♓ 5 ♈ 31 ♉	1 ♊ 10 ♋	1 ♈ 3 ♉ 27 ♊
JUN	1 ♈ 7 ♉	1 ♋ 17 ♌	1 ♉ 12 ♊	1 ♋ 6 ♊	1 ♊ 6 ♋ 30 ♌	1 ♉ 26 ♊	1 ♋ 7 ♌	1 ♊ 21 ♋
JUL	1 ♉ 7 ♊	1 ♌ 12 ♍	1 ♊ 7 ♋ 31 ♌	1 ♊	1 ♌ 25 ♍	1 ♊ 21 ♋	1 ♌ 11 ♍	1 ♋ 15 ♌
AUG	1 ♊ 3 ♋ 29 ♌	1 ♍ 8 ♎	1 ♌ 25 ♍	1 ♊ 7 ♋	1 ♍ 19 ♎	1 ♋ 15 ♌	1 ♍ 28 ♌	1 ♌ 8 ♍
SEP	1 ♌ 23 ♍	1 ♎ 8 ♏	1 ♍ 18 ♎	1 ♋ 8 ♌	1 ♎ 13 ♏	1 ♌ 8 ♍	1 ♌	1 ♍ 2 ♎ 26 ♏
OKT	1 ♍ 17 ♎	1 ♏	1 ♎ 12 ♏	1 ♌ 5 ♍ 31 ♎	1 ♏ 9 ♐	1 ♍ 2 ♎ 26 ♏	1 ♌ 6 ♍	1 ♏ 21 ♐
NOV	1 ♎ 11 ♏	1 ♏	1 ♏ 5 ♐ 29 ♑	1 ♎ 25 ♏	1 ♐ 6 ♑	1 ♏ 19 ♐	1 ♍ 10 ♎	1 ♐ 14 ♑
DEZ	1 ♏ 4 ♐ 28 ♑	1 ♏	1 ♑ 23 ♒	1 ♏ 19 ♐	1 ♑ 9 ♒	1 ♐ 12 ♑	1 ♎ 7 ♏	1 ♑ 10 ♒

Venus-Tabellen

♀	1985	1986	1987	1988	1989	1990	1991	1992
JAN	1 ♒ 5 ♓	1 ♑ 21 ♒	1 ♏ 8 ♐	1 ♒ 16 ♓	1 ♐ 11 ♑	1 ♒ 17 ♑	1 ♑ 6 ♒ 30 ♓	1 ♐ 26 ♑
FEB	1 ♓ 3 ♈	1 ♒ 14 ♓	1 ♐ 6 ♑	1 ♓ 10 ♈	1 ♑ 4 ♒ 28 ♓	1 ♑	1 ♓ 23 ♈	1 ♑ 19 ♒
MÄR	1 ♈	1 ♓ 9 ♈	1 ♑ 4 ♒ 29 ♓	1 ♈ 7 ♉	1 ♓ 24 ♈	1 ♑ 4 ♒	1 ♈ 19 ♉	1 ♒ 14 ♓
APR	1 ♈	1 ♈ 3 ♉ 27 ♊	1 ♓ 23 ♈	1 ♉ 4 ♊	1 ♈ 17 ♉	1 ♒ 7 ♓	1 ♉ 13 ♊	1 ♓ 7 ♈
MAI	1 ♈	1 ♊ 22 ♋	1 ♈ 18 ♉	1 ♊ 18 ♋ 27 ♊	1 ♉ 12 ♊	1 ♓ 4 ♈ 31 ♉	1 ♊ 9 ♋	1 ♈ 2 ♉ 26 ♊
JUN	1 ♈ 7 ♉	1 ♋ 16 ♌	1 ♉ 12 ♊	1 ♊	1 ♊ 5 ♋ 30 ♌	1 ♉ 25 ♊	1 ♋ 7 ♌	1 ♊ 20 ♋
JUL	1 ♉ 7 ♊	1 ♌ 12 ♍	1 ♊ 6 ♋ 31 ♌	1 ♊	1 ♌ 24 ♍	1 ♊ 20 ♋	1 ♌ 11 ♍	1 ♋ 14 ♌
AUG	1 ♊ 3 ♋ 28 ♌	1 ♍ 8 ♎	1 ♌ 24 ♍	1 ♊ 7 ♋	1 ♍ 18 ♎	1 ♋ 13 ♌	1 ♍ 22 ♌	1 ♌ 7 ♍
SEP	1 ♌ 23 ♍	1 ♎ 8 ♏	1 ♍ 17 ♎	1 ♋ 8 ♌	1 ♎ 13 ♏	1 ♌ 9 ♍	1 ♌	1 ♎ 25 ♏
OKT	1 ♍ 17 ♎	1 ♏	1 ♎ 11 ♏	1 ♌ 5 ♍ 30 ♎	1 ♏ 9 ♐	1 ♍ 2 ♎ 26 ♏	1 ♌ 7 ♍	1 ♏ 20 ♐
NOV	1 ♎ 10 ♏	1 ♏	1 ♏ 4 ♐ 28 ♑	1 ♎ 24 ♏	1 ♐ 6 ♑	1 ♏ 19 ♐	1 ♍ 9 ♎	1 ♐ 14 ♑
DEZ	1 ♏ 4 ♐ 28 ♑	1 ♏	1 ♑ 23 ♒	1 ♏ 18 ♐	1 ♑ 10 ♒	1 ♐ 13 ♑	1 ♎ 7 ♏	1 ♑ 9 ♒

♀	1993	1994	1995	1996	1997	1998	1999	2000
JAN	1 ♒ 4 ♓	1 ♑ 20 ♒	1 ♏ 8 ♐	1 ♒ 15 ♓	1 ♐ 10 ♑	1 ♒ 10 ♑	1 ♑ 5 ♒ 29 ♓	1 ♐ 25 ♑
FEB	1 ♓ 3 ♈	1 ♒ 13 ♓	1 ♐ 5 ♑	1 ♓ 9 ♈	1 ♑ 4 ♒ 28 ♓	1 ♑	1 ♓ 22 ♈	1 ♑ 19 ♒
MÄR	1 ♈	1 ♓ 9 ♈	1 ♑ 3 ♒ 29 ♓	1 ♈ 6 ♉	1 ♓ 24 ♈	1 ♑ 5 ♒	1 ♈ 19 ♉	1 ♒ 14 ♓
APR	1 ♈	1 ♈ 2 ♉ 27 ♊	1 ♓ 23 ♈	1 ♉ 4 ♊	1 ♈ 17 ♉	1 ♒ 7 ♓	1 ♉ 13 ♊	1 ♓ 7 ♈
MAI	1 ♈	1 ♊ 21 ♋	1 ♈ 17 ♉	1 ♊	1 ♉ 11 ♊	1 ♓ 4 ♈ 30 ♉	1 ♊ 9 ♋	1 ♈ 2 ♉ 26 ♊
JUN	1 ♈ 7 ♉	1 ♋ 15 ♌	1 ♉ 11 ♊	1 ♊	1 ♊ 4 ♋ 29 ♌	1 ♉ 25 ♊	1 ♋ 6 ♌	1 ♊ 19 ♋
JUL	1 ♉ 6 ♊	1 ♌ 12 ♍	1 ♊ 6 ♋ 30 ♌	1 ♊	1 ♌ 24 ♍	1 ♊ 20 ♋	1 ♌ 13 ♍	1 ♋ 14 ♌
AUG	1 ♊ 2 ♋ 28 ♌	1 ♍ 8 ♎	1 ♌ 23 ♍	1 ♊ 8 ♋	1 ♍ 18 ♎	1 ♋ 14 ♌	1 ♍ 16 ♌	1 ♌ 7 ♍
SEP	1 ♌ 22 ♍	1 ♎ 8 ♏	1 ♍ 17 ♎	1 ♋ 8 ♌	1 ♎ 12 ♏	1 ♌ 7 ♍	1 ♌	1 ♎ 25 ♏
OKT	1 ♍ 16 ♎	1 ♏	1 ♎ 11 ♏	1 ♌ 5 ♍ 30 ♎	1 ♏ 9 ♐	1 ♎ 25 ♏	1 ♌ 8 ♍	1 ♏ 20 ♐
NOV	1 ♎ 9 ♏	1 ♏	1 ♏ 4 ♐ 28 ♑	1 ♎ 23 ♏	1 ♐ 6 ♑	1 ♏ 18 ♐	1 ♍ 10 ♎	1 ♐ 13 ♑
DEZ	1 ♏ 3 ♐ 27 ♑	1 ♏	1 ♑ 22 ♒	1 ♏ 17 ♐	1 ♑ 12 ♒	1 ♐ 12 ♑	1 ♎ 6 ♏	1 ♑ 9 ♒

Mars-Tabellen

♂	1921	1922	1923	1924	1925	1926	1927	1928	1929	1930
JAN	1 ♒ 5 ♓	1 ♏	1 ♓ 21 ♈	1 ♏ 19 ♐	1 ♈	1 ♐	1 ♉	1 ♐ 19 ♑	1 ♊	1 ♑
FEB	1 ♓ 13 ♈	1 ♏ 18 ♐	1 ♈	1 ♐	1 ♈ 5 ♉	1 ♐ 9 ♑	1 ♉ 22 ♊	1 ♑ 28 ♒	1 ♊	1 ♑ 6 ♒
MÄR	1 ♈ 25 ♉	1 ♐	1 ♈ 4 ♉	1 ♐ 6 ♑	1 ♉ 24 ♊	1 ♑ 23 ♒	1 ♊	1 ♒	1 ♊ 10 ♋	1 ♒ 17 ♓
APR	1 ♉	1 ♐	1 ♉ 16 ♊	1 ♑ 24 ♒	1 ♊	1 ♒	1 ♊ 17 ♋	1 ♒ 7 ♓	1 ♋	1 ♓ 24 ♈
MAI	1 ♉ 6 ♊	1 ♐	1 ♊ 30 ♋	1 ♒	1 ♊ 9 ♋	1 ♒ 3 ♓	1 ♋	1 ♓ 16 ♈	1 ♋ 13 ♌	1 ♈
JUN	1 ♊ 18 ♋	1 ♐	1 ♋	1 ♒ 24 ♓	1 ♋ 26 ♌	1 ♓ 15 ♈	1 ♋ 6 ♌	1 ♈ 26 ♉	1 ♌	1 ♈ 3 ♉
JUL	1 ♋	1 ♐	1 ♋ 16 ♌	1 ♓	1 ♌	1 ♈	1 ♌ 25 ♍	1 ♉	1 ♌ 4 ♍	1 ♉ 14 ♊
AUG	1 ♋ 3 ♌	1 ♐	1 ♌	1 ♓ 24 ♒	1 ♌ 12 ♍	1 ♉	1 ♍	1 ♉ 9 ♊	1 ♍ 21 ♎	1 ♊ 28 ♋
SEP	1 ♌ 19 ♍	1 ♐ 13 ♑	1 ♍	1 ♒	1 ♍ 28 ♎	1 ♉	1 ♍ 10 ♎	1 ♊	1 ♎	1 ♋
OKT	1 ♍	1 ♑ 30 ♒	1 ♍ 18 ♎	1 ♒ 19 ♓	1 ♎	1 ♉	1 ♎ 26 ♏	1 ♊ 3 ♋	1 ♎ 6 ♏	1 ♋ 20 ♌
NOV	1 ♍ 6 ♎	1 ♒	1 ♎	1 ♓	1 ♎ 13 ♏	1 ♉	1 ♏	1 ♋	1 ♏ 18 ♐	1 ♌
DEZ	1 ♎ 26 ♏	1 ♒ 11 ♓	1 ♎ 4 ♏	1 ♓ 19 ♈	1 ♏ 28 ♐	1 ♉	1 ♏ 8 ♐	1 ♋ 20 ♊	1 ♐ 29 ♑	1 ♌

♂	1931	1932	1933	1934	1935	1936	1937	1938	1939	1940
JAN	1 ♌	1 ♑ 18 ♒	1 ♍	1 ♒	1 ♎	1 ♒ 14 ♓	1 ♎ 5 ♏	1 ♓ 30 ♈	1 ♏ 29 ♐	1 ♓ 4 ♈
FEB	1 ♌ 16 ♋	1 ♒ 25 ♓	1 ♍	1 ♒ 4 ♓	1 ♎	1 ♓ 22 ♈	1 ♏	1 ♈	1 ♐	1 ♈ 17 ♉
MÄR	1 ♋ 30 ♌	1 ♓	1 ♍	1 ♓ 14 ♈	1 ♎	1 ♈	1 ♏ 13 ♐	1 ♈ 12 ♉	1 ♐ 21 ♑	1 ♉
APR	1 ♌	1 ♓ 3 ♈	1 ♍	1 ♈ 22 ♉	1 ♎	1 ♉	1 ♐	1 ♉ 23 ♊	1 ♑	1 ♊
MAI	1 ♌	1 ♈ 12 ♉	1 ♍	1 ♉	1 ♎	1 ♉ 13 ♊	1 ♐ 14 ♏	1 ♊	1 ♑ 25 ♒	1 ♊ 17 ♋
JUN	1 ♌ 10 ♍	1 ♉ 22 ♊	1 ♍	1 ♉ 2 ♊	1 ♎	1 ♊ 25 ♋	1 ♏	1 ♊ 7 ♋	1 ♒	1 ♋
JUL	1 ♍	1 ♊	1 ♍ 6 ♎	1 ♊ 15 ♋	1 ♎ 29 ♏	1 ♋	1 ♏	1 ♋ 22 ♌	1 ♒ 21 ♑	1 ♋ 3 ♌
AUG	1 ♎	1 ♊ 4 ♋	1 ♎ 26 ♏	1 ♋ 30 ♌	1 ♏	1 ♋ 10 ♌	1 ♏ 8 ♐	1 ♌	1 ♑	1 ♌ 19 ♍
SEP	1 ♎ 17 ♏	1 ♋ 20 ♌	1 ♏	1 ♌	1 ♏ 16 ♐	1 ♌ 26 ♍	1 ♐ 30 ♑	1 ♌ 7 ♍	1 ♑ 24 ♒	1 ♍
OKT	1 ♏ 30 ♐	1 ♌	1 ♏ 9 ♐	1 ♌ 18 ♍	1 ♐ 28 ♑	1 ♍	1 ♑	1 ♍ 25 ♎	1 ♒	1 ♍ 5 ♎
NOV	1 ♐	1 ♌ 13 ♍	1 ♐ 19 ♑	1 ♍	1 ♑	1 ♍ 14 ♎	1 ♑ 11 ♒	1 ♎	1 ♒ 19 ♓	1 ♎ 20 ♏
DEZ	1 ♐ 10 ♑	1 ♍	1 ♑ 28 ♒	1 ♍ 11 ♎	1 ♑ 7 ♒	1 ♎	1 ♒ 21 ♓	1 ♎ 11 ♏	1 ♓	1 ♏

Mars-Tabellen

♂	1941	1942	1943	1944	1945	1946	1947	1948	1949	1950
JAN	1 ♏ 4 ♐	1 ♈ 11 ♉	1 ♐ 26 ♑	1 ♊	1 ♐ 5 ♑	1 ♋	1 ♑ 25 ♒	1 ♍	1 ♑ 4 ♒	1 ♎
FEB	1 ♐ 17 ♑	1 ♉	1 ♑	1 ♊	1 ♑ 14 ♒	1 ♋	1 ♒	1 ♍ 12 ♌	1 ♒ 11 ♓	1 ♎
MÄR	1 ♑	1 ♉ 7 ♊	1 ♑ 8 ♒	1 ♊ 29 ♋	1 ♒ 25 ♓	1 ♋	1 ♒ 4 ♓	1 ♌	1 ♓ 21 ♈	1 ♎ 28 ♍
APR	1 ♑ 2 ♒	1 ♊ 26 ♋	1 ♒ 17 ♓	1 ♋	1 ♓	1 ♋ 22 ♌	1 ♓ 11 ♈	1 ♌	1 ♈ 30 ♉	1 ♍
MAI	1 ♒ 16 ♓	1 ♋	1 ♓ 27 ♈	1 ♋ 22 ♌	1 ♓ 3 ♈	1 ♌	1 ♈ 21 ♉	1 ♌ 18 ♍	1 ♉	1 ♍
JUN	1 ♓	1 ♋ 14 ♌	1 ♈	1 ♌	1 ♈ 11 ♉	1 ♌ 20 ♍	1 ♉	1 ♍	1 ♉ 10 ♊	1 ♍ 11 ♎
JUL	1 ♓ 2 ♈	1 ♌	1 ♈ 7 ♉	1 ♌ 12 ♍	1 ♉ 23 ♊	1 ♍	1 ♊	1 ♍ 17 ♎	1 ♊ 23 ♋	1 ♎
AUG	1 ♈	1 ♍	1 ♉ 23 ♊	1 ♍ 29 ♎	1 ♊	1 ♍ 9 ♎	1 ♊ 13 ♋	1 ♎	1 ♋	1 ♎ 10 ♏
SEP	1 ♈	1 ♍ 17 ♎	1 ♊	1 ♎	1 ♊ 7 ♋	1 ♎ 24 ♏	1 ♋	1 ♎ 3 ♏	1 ♋ 7 ♌	1 ♏ 25 ♐
OKT	1 ♈	1 ♎	1 ♊	1 ♎ 13 ♏	1 ♋	1 ♏	1 ♌	1 ♏ 17 ♐	1 ♌ 27 ♍	1 ♐
NOV	1 ♈	1 ♎ 2 ♏	1 ♊	1 ♏ 25 ♐	1 ♋ 11 ♌	1 ♏ 6 ♐	1 ♌	1 ♐ 26 ♑	1 ♍	1 ♐ 6 ♑
DEZ	1 ♈	1 ♏ 15 ♐	1 ♊	1 ♐	1 ♌ 26 ♋	1 ♐ 17 ♑	1 ♍	1 ♑	1 ♍ 26 ♎	1 ♑ 15 ♒

♂	1951	1952	1953	1954	1955	1956	1957	1958	1959	1960
JAN	1 ♒ 22 ♓	1 ♎ 20 ♏	1 ♓	1 ♏	1 ♓ 15 ♈	1 ♏ 14 ♐	1 ♈ 28 ♉	1 ♐	1 ♉	1 ♐ 14 ♑
FEB	1 ♓	1 ♏	1 ♓ 8 ♈	1 ♏ 9 ♐	1 ♈ 26 ♉	1 ♐ 28 ♑	1 ♉	1 ♐ 3 ♑	1 ♉ 10 ♊	1 ♑ 23 ♒
MÄR	1 ♓ 2 ♈	1 ♏	1 ♈ 20 ♉	1 ♐	1 ♉	1 ♑	1 ♉ 17 ♊	1 ♑ 17 ♒	1 ♊	1 ♒
APR	1 ♈ 10 ♉	1 ♏	1 ♉	1 ♐ 12 ♑	1 ♉ 10 ♊	1 ♑ 14 ♒	1 ♊	1 ♒ 27 ♓	1 ♊ 10 ♋	1 ♒ 2 ♓
MAI	1 ♉ 21 ♊	1 ♏	1 ♊	1 ♑	1 ♊ 26 ♋	1 ♒	1 ♊ 4 ♋	1 ♓	1 ♋	1 ♓ 11 ♈
JUN	1 ♊	1 ♏	1 ♊ 14 ♋	1 ♑	1 ♋	1 ♒ 3 ♓	1 ♋ 21 ♌	1 ♓ 7 ♈	1 ♋ 2 ♌	1 ♈ 20 ♉
JUL	1 ♊ 3 ♋	1 ♏	1 ♋ 29 ♌	1 ♑ 3 ♐	1 ♋ 11 ♌	1 ♓	1 ♌	1 ♈ 21 ♉	1 ♌ 20 ♍	1 ♉
AUG	1 ♋ 18 ♌	1 ♏ 27 ♐	1 ♌	1 ♐ 24 ♑	1 ♌ 27 ♍	1 ♓	1 ♌ 8 ♍	1 ♉	1 ♍	1 ♉ 2 ♊
SEP	1 ♌	1 ♐	1 ♌ 14 ♍	1 ♑	1 ♍	1 ♓	1 ♍ 24 ♎	1 ♉ 21 ♊	1 ♍ 5 ♎	1 ♊ 21 ♋
OKT	1 ♌ 5 ♍	1 ♐ 12 ♑	1 ♍	1 ♑ 21 ♒	1 ♍ 13 ♎	1 ♓	1 ♎	1 ♊ 29 ♉	1 ♎ 21 ♏	1 ♋
NOV	1 ♍ 24 ♎	1 ♑ 21 ♒	1 ♎	1 ♒	1 ♎ 29 ♏	1 ♓	1 ♎ 8 ♏	1 ♉	1 ♏	1 ♋
DEZ	1 ♎	1 ♒ 30 ♓	1 ♎ 20 ♏	1 ♒ 4 ♓	1 ♏	1 ♓ 6 ♈	1 ♏ 23 ♐	1 ♉	1 ♏ 3 ♐	1 ♋

Mars-Tabellen

♂	1961	1962	1963	1964	1965	1966	1967	1968	1969	1970
JAN	1 ♋	1 ♑	1 ♌	1 ♑ 13 ♒	1 ♍	1 ♒ 30 ♓	1 ♎	1 ♒ 9 ♓	1 ♏	1 ♓ 24 ♈
FEB	1 ♋ 5 ♊ 7 ♋	1 ♑ 2 ♒	1 ♌	1 ♒ 20 ♓	1 ♍	1 ♓	1 ♎ 12 ♏	1 ♓ 17 ♈	1 ♏ 25 ♐	1 ♈
MÄR	1 ♋	1 ♒ 12 ♓	1 ♌	1 ♓ 29 ♈	1 ♍	1 ♓ 9 ♈	1 ♏ 31 ♎	1 ♈ 28 ♉	1 ♐	1 ♈ 7 ♉
APR	1 ♋	1 ♓ 19 ♈	1 ♌	1 ♈	1 ♍	1 ♈ 17 ♉	1 ♎	1 ♉	1 ♐	1 ♉ 18 ♊
MAI	1 ♋ 6 ♌	1 ♈ 28 ♉	1 ♌	1 ♈ 7 ♉	1 ♍	1 ♉ 28 ♊	1 ♎	1 ♉ 8 ♊	1 ♐	1 ♊
JUN	1 ♌ 28 ♍	1 ♉	1 ♌ 3 ♍	1 ♉ 17 ♊	1 ♍ 29 ♎	1 ♊	1 ♎	1 ♊ 21 ♋	1 ♐	1 ♊ 2 ♋
JUL	1 ♍	1 ♉ 9 ♊	1 ♍ 27 ♎	1 ♊ 30 ♋	1 ♎	1 ♊ 11 ♋	1 ♎ 19 ♏	1 ♋	1 ♐	1 ♋ 18 ♌
AUG	1 ♍ 17 ♎	1 ♊ 22 ♋	1 ♎	1 ♋	1 ♎ 20 ♏	1 ♋ 25 ♌	1 ♏	1 ♋ 5 ♌	1 ♐	1 ♌
SEP	1 ♎	1 ♋	1 ♎ 12 ♏	1 ♋ 15 ♌	1 ♏	1 ♌	1 ♏ 10 ♐	1 ♌ 21 ♍	1 ♐ 21 ♑	1 ♌ 3 ♍
OKT	1 ♎ 2 ♏	1 ♋ 11 ♌	1 ♏ 25 ♐	1 ♌	1 ♏ 4 ♐	1 ♌ 12 ♍	1 ♐ 23 ♑	1 ♍	1 ♑	1 ♍ 20 ♎
NOV	1 ♏ 13 ♐	1 ♌	1 ♐	1 ♌ 6 ♍	1 ♐ 14 ♑	1 ♍	1 ♑	1 ♍ 9 ♎	1 ♑ 4 ♒	1 ♎
DEZ	1 ♐ 24 ♑	1 ♌	1 ♐ 5 ♑	1 ♍	1 ♑ 23 ♒	1 ♍ 4 ♎	1 ♑ 2 ♒	1 ♎ 30 ♏	1 ♒ 15 ♓	1 ♎ 6 ♏

♂	1971	1972	1973	1974	1975	1976	1977	1978	1979	1980
JAN	1 ♏ 23 ♐	1 ♈	1 ♐	1 ♉	1 ♐ 21 ♑	1 ♊	1 ♑	1 ♌ 26 ♋	1 ♑ 21 ♒	1 ♍
FEB	1 ♐	1 ♈ 10 ♉	1 ♐ 12 ♑	1 ♉ 27 ♊	1 ♑	1 ♊	1 ♑ 9 ♒	1 ♋	1 ♒ 28 ♓	1 ♍
MÄR	1 ♐ 12 ♑	1 ♉ 27 ♊	1 ♑ 27 ♒	1 ♊	1 ♑ 3 ♒	1 ♊ 18 ♋	1 ♒ 20 ♓	1 ♋	1 ♓	1 ♍ 12 ♌
APR	1 ♑	1 ♊	1 ♒	1 ♊ 20 ♋	1 ♒ 11 ♓	1 ♋	1 ♓ 28 ♈	1 ♋ 11 ♌	1 ♓ 7 ♈	1 ♌
MAI	1 ♑ 3 ♒	1 ♊ 12 ♋	1 ♒ 8 ♓	1 ♋	1 ♓ 21 ♈	1 ♋ 16 ♌	1 ♈	1 ♌	1 ♈ 16 ♉	1 ♌ 4 ♍
JUN	1 ♒	1 ♋ 28 ♌	1 ♓ 21 ♈	1 ♋ 9 ♌	1 ♈	1 ♌	1 ♈ 6 ♉	1 ♌ 14 ♍	1 ♉ 26 ♊	1 ♍
JUL	1 ♒	1 ♌	1 ♈	1 ♌ 27 ♍	1 ♉	1 ♌ 7 ♍	1 ♉ 18 ♊	1 ♍	1 ♊	1 ♍ 11 ♎
AUG	1 ♒	1 ♌ 15 ♍	1 ♈ 12 ♉	1 ♍	1 ♉ 14 ♊	1 ♍ 24 ♎	1 ♊	1 ♍ 4 ♎	1 ♊ 8 ♋	1 ♎ 29 ♏
SEP	1 ♒	1 ♍	1 ♉	1 ♍ 12 ♎	1 ♊	1 ♎	1 ♋	1 ♎ 20 ♏	1 ♋ 25 ♌	1 ♏
OKT	1 ♒	1 ♎	1 ♉ 30 ♈	1 ♎ 28 ♏	1 ♊ 17 ♋	1 ♎ 9 ♏	1 ♋ 27 ♌	1 ♏	1 ♌	1 ♏ 12 ♐
NOV	1 ♒ 6 ♓	1 ♎ 15 ♏	1 ♈	1 ♏	1 ♋ 26 ♊	1 ♏ 21 ♐	1 ♌	1 ♏ 2 ♐	1 ♌ 20 ♍	1 ♐ 22 ♑
DEZ	1 ♓ 26 ♈	1 ♏ 30 ♐	1 ♈ 24 ♉	1 ♏ 11 ♐	1 ♊	1 ♐	1 ♌	1 ♐ 13 ♑	1 ♍	1 ♑ 31 ♒

Mars-Tabellen

♂	1981	1982	1983	1984	1985	1986	1987	1988	1989	1990
JAN	1 ♒	1 ♎	1 ♒ 17 ♓	1 ♎ 11 ♏	1 ♓	1 ♏	1 ♓ 8 ♈	1 ♏ 9 ♐	1 ♈ 19 ♉	1 ♐ 30 ♑
FEB	1 ♒ 7 ♓	1 ♎	1 ♓ 25 ♈	1 ♏	1 ♓ 3 ♈	1 ♏ 2 ♐	1 ♈ 21 ♉	1 ♐ 22 ♑	1 ♉	1 ♑
MÄR	1 ♓ 17 ♈	1 ♎	1 ♈	1 ♏	1 ♈ 15 ♉	1 ♐ 28 ♑	1 ♉	1 ♑	1 ♉ 11 ♊	1 ♑ 12 ♒
APR	1 ♈ 25 ♉	1 ♎	1 ♈ 5 ♉	1 ♏	1 ♉ 26 ♊	1 ♑	1 ♉ 6 ♊	1 ♑ 7 ♒	1 ♊ 29 ♋	1 ♒ 21 ♓
MAI	1 ♉	1 ♎	1 ♉ 17 ♊	1 ♏	1 ♊	1 ♑	1 ♊ 21 ♋	1 ♒ 22 ♓	1 ♋	1 ♓ 31 ♈
JUN	1 ♉ 5 ♊	1 ♎	1 ♊ 29 ♋	1 ♏	1 ♊ 9 ♋	1 ♑	1 ♋	1 ♓	1 ♋ 17 ♌	1 ♈
JUL	1 ♊ 18 ♋	1 ♎	1 ♋	1 ♏	1 ♋ 25 ♌	1 ♑	1 ♋ 7 ♌	1 ♓ 14 ♈	1 ♌	1 ♈ 13 ♉
AUG	1 ♋	1 ♎ 3 ♏	1 ♋ 14 ♌	1 ♏ 18 ♐	1 ♌	1 ♑	1 ♌ 23 ♍	1 ♈	1 ♌ 3 ♍	1 ♉ 31 ♊
SEP	1 ♋ 2 ♌	1 ♏ 20 ♐	1 ♌ 30 ♍	1 ♐	1 ♌ 10 ♍	1 ♑	1 ♍	1 ♈	1 ♍ 20 ♎	1 ♊
OKT	1 ♌ 21 ♍	1 ♐	1 ♍	1 ♐ 5 ♑	1 ♍ 28 ♎	1 ♑ 9 ♒	1 ♍ 9 ♎	1 ♈ 24 ♓	1 ♎	1 ♊
NOV	1 ♍	1 ♑	1 ♍ 18 ♎	1 ♑ 16 ♒	1 ♎	1 ♒ 26 ♓	1 ♎ 24 ♏	1 ♓ 2 ♈	1 ♎ 4 ♏	1 ♊
DEZ	1 ♍ 16 ♎	1 ♑ 10 ♒	1 ♎	1 ♒ 25 ♓	1 ♎ 15 ♏	1 ♓	1 ♏	1 ♈	1 ♏ 18 ♐	1 ♊ 14 ♉

♂	1991	1992	1993	1994	1995	1996	1997	1998	1999	2000
JAN	1 ♉ 21 ♊	1 ♐ 9 ♑	1 ♋	1 ♑ 28 ♒	1 ♍ 23 ♌	1 ♑ 9 ♒	1 ♍ 3 ♎	1 ♒ 25 ♓	1 ♎ 26 ♏	1 ♒ 4 ♓
FEB	1 ♊	1 ♑ 18 ♒	1 ♋	1 ♒	1 ♌	1 ♒ 15 ♓	1 ♎	1 ♓	1 ♏	1 ♓ 12 ♈
MÄR	1 ♊	1 ♒ 28 ♓	1 ♋	1 ♒ 7 ♓	1 ♌	1 ♓ 25 ♈	1 ♎ 9 ♍	1 ♓ 5 ♈	1 ♏	1 ♈ 23 ♉
APR	1 ♊ 3 ♋	1 ♓	1 ♋ 28 ♌	1 ♓ 15 ♈	1 ♌	1 ♈	1 ♍	1 ♈ 13 ♉	1 ♏	1 ♉
MAI	1 ♋ 27 ♌	1 ♓ 6 ♈	1 ♌	1 ♈ 24 ♉	1 ♌ 26 ♍	1 ♈ 3 ♉	1 ♍	1 ♉ 24 ♊	1 ♏ 6 ♎	1 ♉ 4 ♊
JUN	1 ♌	1 ♈ 15 ♉	1 ♌ 23 ♍	1 ♉	1 ♍	1 ♉ 12 ♊	1 ♍ 19 ♎	1 ♊	1 ♎	1 ♊ 16 ♋
JUL	1 ♌ 16 ♍	1 ♉ 27 ♊	1 ♍	1 ♉ 4 ♊	1 ♍ 21 ♎	1 ♊ 26 ♋	1 ♎	1 ♊ 6 ♋	1 ♎ 5 ♏	1 ♋
AUG	1 ♍	1 ♊	1 ♍ 12 ♎	1 ♊ 17 ♋	1 ♎	1 ♋	1 ♎ 14 ♏	1 ♋ 21 ♌	1 ♏	1 ♌
SEP	1 ♎	1 ♊ 12 ♋	1 ♎ 27 ♏	1 ♋	1 ♎ 7 ♏	1 ♋ 10 ♌	1 ♏ 29 ♐	1 ♌	1 ♏ 3 ♐	1 ♌ 17 ♍
OKT	1 ♎ 17 ♏	1 ♋	1 ♏	1 ♋ 5 ♌	1 ♏ 21 ♐	1 ♌ 30 ♍	1 ♐	1 ♌ 7 ♍	1 ♐ 17 ♑	1 ♍
NOV	1 ♏ 29 ♐	1 ♋	1 ♏ 9 ♐	1 ♌	1 ♐	1 ♍	1 ♐ 9 ♑	1 ♍ 27 ♎	1 ♑ 26 ♒	1 ♍ 4 ♎
DEZ	1 ♐	1 ♋	1 ♐ 20 ♑	1 ♌ 12 ♍	1 ♑	1 ♍	1 ♑ 18 ♒	1 ♎	1 ♒	1 ♎ 23 ♏